Der kleine Küchengeist empfiehlt:

Gemüse zu allen Jahreszeiten

*Kräuter - Mangold - Mairüben - Möhren
Bohnen - Zwiebeln - Kohl - Kürbis
Rettich - Sellerie - Pastinaken
Steckrüben - Schwarzwurzeln
und noch vieles mehr*

Anna Katharina Teggemann

Impressum

1997
© by Anna Katharina Teggemann, Bremen.
Alle Rechte vorbehalten. Nachdruck, auch
auszugsweise, sowie Verarbeitung durch
Film, Funk und Fernsehen, durch fotomechanische
Wiedergabe, Tonträger und Datenverarbeitungssysteme
jeglicher Art nur mit schriftlicher Genehmigung der
Herausgeberin.
In Kooperation mit der Bremer Erzeuger - Verbraucher
- Genossenschaft, Donandtstraße 4, 28209 Bremen.
Illustrationen und Umschlagsgestalltung: Anja Schnaars.
Auf 100% Recyclingpapier gedruckt.
Druck: Druckerei Lange
Rosenhagen 21/22, 31224 Peine

ISBN 3-00-001788-7

für Detmar

Kapitelübersicht

		Seite
1.	Einführung	6
2.	Kräuter	16
3.	Grüne Salate	26
4.	Rübstiel und Mairüben	36
5.	Spinat	42
6.	Mangold	50
7.	Spargel	56
8.	Zucchini	60
9.	Möhren	66
10.	Grüne Bohnen und frische Bohnenkerne	74
11.	Fenchel	80
12.	Kohl	86
13.	Zwiebeln, Porree und Knoblauch	110
14.	Kürbis	120
15.	Kartoffeln	130
16.	Rettich	134
17.	Rote Bete	136
18.	Sellerie	142
19.	Pastinaken	148
20.	Steckrüben	154
21.	Schwarzwurzeln	162
22.	Sprossen	166
23.	Hülsenfrüchte	176
24.	Getreide	186
25.	Reis	198
26	Gemüsekalender	206
27.	Buchempfehlungen	208
28.	Danke	209
29	Rezepte	210
30.	Sachregister	216

Einführung

Sie stehen in einem Gemüseladen oder blicken auf einen wohlsortierten Gemüsestand auf dem Markt und Ihnen leuchten grüne Salate, gelber Kürbis, violetter Kohl, weißer Rettich, roter Paprika, grüner Brokkoli und vieles mehr entgegen. Welch eine Vielfalt in Form und Farbe, welch ein Angebot für unsere Sinne!
Geruchs- und Geschmacksempfindungen stellen sich ein, wie wenn ein Thymian-Bohnen-Eintopf durch den Raum zieht. Oder erhebt sich die Frage: "Was mache ich mit all den guten Sachen?" Oder "Was kann ich zur Abwechslung mal mit dem schönen Kürbis oder der dicken Sellerieknolle zubereiten?"

Genau darum geht es in diesem Kochbuch:
- *Besonders für Gemüsesorten, die sich nicht so leicht dem allgemeinen Belieben darbieten, habe ich neue Vorschläge entwickelt oder andere Kombinationen gefunden, die jeweils die besten Seiten des Gemüses herausarbeiten.*
- *Außerdem habe ich versucht, das Gemüse aus seinem Beilagendasein zu erlösen und wo es ging, zu Hauptgerichten auszubauen, hauptsächlich in Zusammenstellung mit anderen Gemüsen, aber auch mit etwas Getreide und Hülsenfrüchten und ab und zu auch Fleisch oder Fisch.*
- *Die Rezepte sind in der Regel einfach und Schritt für Schritt ausgeführt, so daß sie auch dem Anfänger den Einstieg ins Kochen leicht machen.*
- *Im Mittelpunkt dieses Kochbuches stehen insbesondere heimische Gemüse der Saison*
  - im Jahresablauf aufgeführt und
  - nach den Gesichtspunkten der Vollwert-Ernährung zubereitet.

Wußten Sie, daß Gemüse als Schutznahrung gilt mit seinem Reichtum an Mineralstoffen, Ballaststoffen und sekundären Pflanzenstoffen (s.S.16) als bioaktive Substanzen, die alle unabdingbar für den Erhalt unserer Gesundheit sind? Im übrigen wirken Gemüse und Obst basenbildend und sind ein gutes Gegengewicht zum säurebildenden Fleisch. Jede Pflanzenfamilie hält ihre spezifischen Inhaltsstoffe für uns bereit, jede Art bietet uns einen anderen Geschmack, jede Farbe, jede Form signalisiert einen anderen Charakter, und im Ablauf eines Jahres werden wir durch eine bunte, abwechslungsreiche Palette geführt. Das ist wie eine Reise durch ein Wunderland.

Nachdenkliches und Paradiesisches

"Laßt unsere Nahrung so natürlich wie möglich", lautet das Motto von Prof. Werner Kollath, der sein ganzes Leben der Erforschung einer gesunden Ernährungsweise gewidmet hat.

Seit Beginn der Industrialisierung vor ca. 200 Jahren findet eine sich immer schneller entwickelnde Veränderung unserer Lebensmittel und damit unserer Ernährungsgewohnheiten statt. Ergebnis: Wir essen zu viel, zu fett, zu süß, zu salzig, zu eiweißreich. Von einer ballaststoffreichen, überwiegend pflanzlichen, wenig verarbeiteten Nahrung sind wir innerhalb weniger Generationen in eine eiweißreiche, stark verarbeitete, ballaststoffarme und fettreiche Kost gerutscht mit den sogenannten Zivilisationskrankheiten als Folge.

Man darf sich zu recht vorstellen, daß unsere Vorfahren als Sammler und Jäger unverarbeitete Früchte, Wurzeln, Kräuter, Blätter, Nüsse und alles mögliche Getier aßen. Man nimmt an, daß für eine erfolgreiche Anpassung der Verdauungsorgane und des Stoffwechsels an neue Nahrungsmittel mehrere tausend Generationen erforderlich sind, so daß schon die Anpassung an das Getreide und die Tiermilch, die in der Ackerbauzeit vor ca. 10.000 Jahren dazukamen, noch nicht ganz abgeschlossen zu sein scheint, wie es manche Milchzucker- und Getreideeiweißunverträglichkeiten zeigen.

Allgemein kann eine pflanzliche Kost mit geringem Verarbeitungsgrad und geringem Fleischanteil als menschen- und evolutionsgerecht betrachtet werden.
Das große technische Können, das schon Anfang dieses Jahrhunderts die Nahrung in ihre Bestandteile zerlegte und veränderte und die anfängliche Unwissenheit über eine artgerechte Ernährung haben sich als verhängnisvoll erwiesen. Dennoch ist dieser Trend ungebrochen. Immer neue Techniken werden in der blühenden Ernährungsindustrie eingesetzt, ohne daß als spezielles Ziel die Gesunderhaltung oder Versorgung der arteigenen Bedürfnisse des Menschen im Vordergrund stünden, sondern vielmehr unter der Prämisse des Machbaren und Profitablen.
Dabei ist längst genügend Wissen darüber zusammengetragen, wie eine gesunde Ernährung aussehen muß, nämlich viel frisch und unverarbeitet und der Rest schonend zubereitet. Daß industrielle Herstellungsverfahren diese Grundsätze zu selten berücksichtigigen können, selbst wenn sie wollten, liegt auf der Hand, denn die Hersteller können und dürfen verständlicherweise alles nur in haltbarem Zustand auf den Markt bringen. Daher könnte ihre Rolle eigentlich nur eine untergeordnete sein.
Aber die Zeichen der Zeit sind anders. Wir werden überschwemmt und medienweit bedrängt mit Nahrungserzeugnissen, die vielfach weit davon entfernt sind, optimal für unsere Gesundheit zu sein.
Auf der anderen Seite ist es eine Tatsache, daß ich nicht zu essen brauche, was andere mir vorkauen, und ebenso wenig greift im Supermarkt eine Tüte H-Milch nach mir.
Mit mir sind viele nachdenkliche Menschen auf der Suche nach Alternativen unterwegs, deren Konzepte mir einleuchten und die mir praktikabel erscheinen im Sinne der Erhaltung meiner Gesundheit - soweit es die Ernährung betrifft - und der der Umwelt.
Ich empfinde es geradezu als erleichternd, die Wahl der Möglichkeiten zu haben und mich bewußt für das entscheiden zu können, was ich als gut erkannt habe. Saubere Luft kann ich nicht mehr wählen, wenn ich in der Stadt lebe. Aber meine Ernährung kann ich auch heute immer noch selbst bestimmen. Ich habe es in der Hand, mich vollwertig zu ernähren, mir alle

Stoffe frisch und in natürlichem Verband zuzuführen, die für meinen Körper notwendig sind. Wenn ich das will, stehen mir umfang-reiche Informationen zur Verfügung, weil es inzwischen viele Vollwertbücher und anderes gibt - dieses Buch ist nicht nur noch eins mehr, sondern hebt die Zubereitung heimischer Gemüse besonders hervor.
Mit meinen Ausgaben für naturgerechte Lebensmittel unterstütze ich diejenigen, die mit Verantwortung für die Welt ihre Produkte herstellen. Das ist der ökologische Landbau.
Sicher ist er teurer als der konventionelle Landbau. Aber mit einer Umstellung auf die Vollwert - Ernährung wird man, wie Untersuchungen ergeben haben, feststellen, daß man mehr und mehr z. B. auf Fleisch verzichtet, was ja auch in der konventionellen Ernährung ein erheblicher Kostenfaktor ist, so daß im Endeffekt eine fleischarme, ökologische Vollwert-Ernährung nicht teurer zu werden braucht.

Mit all diesem Wissen lebe ich eigentlich wie im "Paradies":
Ich brauche nicht zu fürchten:
- *Lebensmittel zu kaufen, die über die vorhandene Umweltverschmutzung hinaus belastet sind,*
- *Zusatzstoffe zu mir zu nehmen,*
- *Fleisch zu essen, das von nicht artgerecht gehaltenen oder mit Pharmaka behandelten Tieren stammt.*
- *die Produktion genmanipulierter Lebensmittel mit meinem Kauf zu fördern.*

Dagegen habe ich die Gewißheit,
- *auf der Ernährungsebene das Bestmögliche für mich zu tun,*
- *auf der ökologischen Seite das zu fördern, was angetreten ist, das ökologische System zu schützen (Boden, Wasser, Luft) und*
- *im weltumspannenden Sinn die Ausbeutung des Nahrungsanbaus der Dritten Welt möglichst wenig mitzumachen.*

Global denken - lokal handeln, nennt man das heute.

Aus den Richtlinien der ökologischen Wirtschaftsweise

1988 haben sich die damaligen Öko-Verbände in der Arbeitsgemeinschaft Ökologischer Landbau: AGÖL zusammengeschlossen. 1996 gehörten ihr die unten mit ihrem Logo erwähnten Verbände an.

1. *Sie verpflichten ihre Mitglieder zur Förderung der Bodenfruchtbarkeit und Schonung von Luft, Wasser,und Kulturlandschaft durch:*
   - *vielfältige Fruchtfolge,*
   - *organische Düngemittel aus den Betrieben,*
   - *Auswahl standortangepaßter Arten und Sorten,*
   - *artgerechte Tierhaltung, die sich in der Stückzahl nach der Betriebsgröße richtet.*

Der weitgehend geschlossene Betriebskreislauf mit geringsmöglichen Verbrauch von Rohstoffen und Energie ist das Ziel eines jeden Ökohofes.

	biologisch-dynamisch	ANOG	organisch-biologisch	Biokreis Ostbayern
Gründungsjahr	1924	1962	1971	1979
Warenname und Schutzzeichen	demeter	ANOG	Bioland	BIO KREIS e.V.
Anbaufläche	42 396	4 796	93 149	2 569
Zahl der Betriebe	1 211	101	2 838	150

2. Sie verbieten u.a.
- chemisch-synthetische Pestizide (gegen Unkraut, Insekten und Pilzbefall)
- mineralische Stichstoffdünger,
- chemisch-synthetische Wachstumsregulatoren,
- Massentierhaltung,
- Futtermittel aus Entwicklungsländer,
- Tierarzneimittel als Futterzusatzstoffe,
- Medikamente wie Sexualhormone, Psychopharmaka,
- Gentechnik in Anbau, Tierzucht und Verarbeitung.

*Für den ökologischen Einkauf ist wichtig zu wissen, daß die Bezeichnungen **bio, öko**, und **organisch** gesetzlich geschützt sind. Produkte, - lose oder verpackt - die diese Begriffe tragen, müssen mindestens den Qualitätsvorschriften der EU-Bio - Verordnung (VO Nr.2092/91) entsprechen. Die Richtlinien der AGÖL sind weit strenger gefaßt.*

Bei allen anderslautenden Benennungen handelt es sich um verschiedene Formen des konventionellen Landbaus.

Naturland	Ökosiegel	Gäa	Biopark	BÖW
1982	1988	1989	1991	1985
40418	817	25694	99668	977
909	16	177	449	217

Zum Einstieg in die Vollwert - Ernährung

Verstärken Sie das, was Sie schon immer richtig gemacht haben, z. B. das Essen von Salaten (Frischkost), Gemüse und Sauermilchprodukten, Sauerkraut und steigen Sie nach und nach auf Vollkornbrot um. Schon allein diese Maßnahmen erhöhen die Aufnahme der Vitalstoffe beträchtlich. Wer sich an solchen Sachen sattgegessen hat, greift nicht mehr so ohne weiteres nach Süßigkeiten, Knabbersachen usw. Im einzelnen sehen die Empfehlungen so aus:
- Täglich reichhaltige Frischkosten, Salate,
  Obst und große gegarte Gemüseportionen,
  Sauermilchprodukte und Vollkornbrot.
Auf die Woche verteilt könnte das bedeuten:
- Viermal Gemüsegerichte mit Kartoffeln, Getreide oder
  Hülsenfrüchten,
- zweimal Fleisch mit Gemüse und
- 1-2 Eier mitverarbeitet oder als Gericht mit Gemüse.
Beim Fett, dem größten Kalorienträger, gilt es umzudenken:
- Pro Person reichen 70 - 80g täglich (statt üblicher 130g),
  aufgeteilt in 20g als Streichfett, 10g Öl für Salate, 20g zum
  Kochen und Braten und 40g versteckte Fette, die sich in
  Käse, Wurst usw. befinden.
- Bevorzugen Sie als Fette naturbelassene Öle für Salate (s.S.
  28); Butter oder Margarine aus Kaltpreßölen fürs Brot und
  zum Backen; Kokosfett oder Butterschmalz zum Kochen und
  Braten (s .S. 204).
Suchen Sie nach reifem Obst und Gemüse der Jahreszeit entsprechend und aus der Region - das ist ökologisch und wirtschaftlich sinnvoll. Eigentlich sind wir nur im Frühjahr auf Importware aus wärmeren Ländern angewiesen.

Umstellungen Schritt für Schritt und mit Veränderungen, die Sie und Ihre Familie gut akzeptieren können, bringen erfahrungsgemäß gute Erfolge. Tolerieren Sie ohne Aufregung sogenannte "Rückfälle", aber lassen Sie sich immer wieder neu anregen und fangen Sie immer wieder neu an. Sind wir nicht alle auf dem Weg, uns selber zu entdecken und unsere ureigensten Bedürfnisse kennenzulernen?

Zu den Rezepten

In jahreszeitlicher Folge reihen sich die Kapitel aneinander. Sie sind jeweils mit einem einführenden Vorspann versehen, der Wissenswertes über das Gemüse oder Lebensmittel darstellt. Sodann folgt in der Regel ein Salat oder eine Frischkost und danach die gekochten Gerichte.
Die Rezepte sind so geschrieben, daß die einzukaufenden und bereitzustellenden Zutaten auf einen Blick erkennbar sind.
Hinter jeder Zutat folgen die Arbeitsanweisungen, die es auch Anfängern ermöglichen sollen, das Rezept ohne Schwierigkeiten nachzukochen.
Wichtig ist noch zu wissen, was nicht in den Rezepten steht und doch gemeint ist:
- Alle Rezepte sind für 4 Personen.
- 1 EL=1 gestrichener Eßlöffel, 1 TL=1 gestrichener Teelöffel, 1 Pr.=1 Prise, 1 Msp.=1 Messerspitze, 1 Bd.=1 Bund, gem.=gemahlen, getr.=getrocknet, 1Stg.=1 Stange, 1 Stgl.= 1 Stengel,
- Jedes Gemüse ist gründlich zu waschen, um nicht nur Sand oder dgl., sondern so weit es geht, auch anhaftende Schadstoffe wie z. B. Blei zu entfernen. Äpfel zusätzlich abreiben, da wir sie wegen der Erhaltung der Schalen nicht schälen wollen. Bei Kohl, Salaten usw. die äußeren Blätter entfernen.
- Zwiebeln und Knoblauch werden vor dem Schneiden immer gepellt/abgezogen.
- Die Gewichtsangaben bei Gemüsen sind im Zweifelsfall netto gemeint, d. h. der gewünschte, verwendbare Anteil ist genannt.
- Wenn es z. B. heißt: 6 Minuten kochen oder blanchieren, ist das vom Zeitpunkt des Kochens an gemeint und nicht schon vom Ankochen an.
- Mit Käse zum Überbacken meine ich in der Regel jungen Gouda. Er soll höchstens goldgelb werden.
Braungebrannter Käse kann Nitrosamine enthalten und ist schwer verdaulich
- Der Backofen muß nur dann vorgeheizt werden, wenn plötzliche Hitze nötig oder erwünscht ist oder etwas Zeit

gespart werden soll. Aufläufe oder Gemüsegerichte können normaler weise in den kalten Ofen geschoben werden. Auflaufformen müssen nicht gefettet werden, wenn feuchtes Gemüse oder dgl. hineingelegt wird. Anders ist es mit Eiern, Kartoffelbrei o. ä. kompakten Massen, die auf den Boden gelegt werden und ohne Fettschicht anbrennen könnten.
- Salz ist bewußt sparsam eingesetzt. Wer es herzhafter mag, sollte vor allem die nicht salzhaltigen Würzzutaten verstärken. Dabei ist noch gut zu wissen, daß fertig gekaufte Gemüsebrühen 40- 50 % und Sojasoße ca.20 % Salz enthalten.

Hinweise:
- *In der Regel gelingt es kaum, in der kurzen Zeit, die z. B. Zwiebeln zum Anschmoren brauchen, noch schnell einen ganzen Kohlkopf zu zerkleinern, auch wenn die Abfolge im Rezept diesen Eindruck erwecken könnte. Es ist ratsam, besonders größere Gemüsemengen fertig geputzt und zerkleinert zu haben, ehe der Kochvorgang beginnt. Das gibt Ruhe und Sicherheit.*
- *Bei zwei- oder dreiminütigem Kochen schaue ich auf den Sekundenzeiger meiner Uhr, bei längeren Zeiten lasse ich mich durch meinen Küchenwecker erinnern.*
- *Eine elektrische Getreidemühle und eine elektrische Gemüseraffel sind wertvolle, um nicht zu sagen unentbehrliche Helfer in der Vollwertküche.*

Auf geht´s mit unserem kleinen Küchengeist, der uns durch alle Kapitel voranschwebt.

Kräuter

Sie sind die Frühlingsboten unter den Pflanzen und wachsen uns zu einer Zeit zu, wo wir sie am meisten brauchen und auf den Neubeginn warten.
Zart sprießen sie aus der Erde und bieten uns eine erstaunliche Fülle von Aromen und Stoffen, die unseren Organismus neu anregen.
Diese Stoffe sind keine Kalorienlieferanten wie Blätter, Stengel und Wurzeln sie liefern würden, sondern feine bioaktive Substanzen, die die Pflanze oft für ihre eigene Widerstandskraft ausbildet und die die Eigenart der Pflanze mitbestimmen.
Sie werden sekundäre Pflanzenstoffe genannt, zu denen die vielfältigen Vitamine gehören, die inzwischen sehr gut bekannt sind und Substanzen wie Carotinoide, Saponine (in Hülsenfrüchten und Hafer), Senföle (in Senf und Meerrettich), Alicine (in Knoblauch), Indole (in Kohl) zu zählen sind, um nur einige wenige zu nennen.
Für die Wissenschaft sind sie sehr interessant geworden, seitdem zu erkennen ist, daß sie gegen vielerlei Krankheiten, wie z. B. auch Krebs, Schutzfunktionen haben können.
Was die Volksheilkunde schon lange weiß und nutzt, sind die vielfältigsten Wirkungen auf den gesamten Organismus, z. B.

*appetitanregend : Dill, Kerbel, Rosmarin usw.
blähungswidrig : Basilikum, Bohnenkraut, Dill usw.
harntreibend : Brennessel, Schnittlauch, Löwenzahn usw.
antimikrobiell : Senf, Meerrettich usw., um nur einige Beispiele zu geben.*

Die Kraft der grünen Kräuter scheint unausschöpflich. Sie reichern unser Essen mit Chlorophyll, Mineralien und sekundären Pflanzenstoffen an, helfen Salz sparen, runden den Geschmack ab oder entzücken durch unnachahmliche Aromen. Kräuter aus ökologischem Anbau sind im Kommen, man sollte immer nachdrücklich nach ihnen fragen.

- macht etwas Arbeit -

Kräuterbutter - immer beliebt

---

250 g weiche Butter
1-2 Tassen gehackte Kräuter, z. B. Petersilie, Zitronenmelisse, Kerbel, Thymian, Estragon, Majoran, Rosmarin (1 Spitze) und Salbei (2 Blättchen). Schnittlauch geht geschmacklich auch, macht die Butter aber wäßrig. Kräuter waschen, trocknen, schleudern, nur die zarten Blättchen.
1 große Zehe Knoblauch, wenn gewünscht, fein würfeln, mit
1 Pr. Salz bestreuen etwas ziehen lassen und zerdrücken.
Butter, Kräuter und evtl. Knoblauch und
1 TL Zitronensaft entweder mit einer Gabel oder bequemer mit dem Knethaken innig zusammenkneten.

Kräuterbutter läßt sich gut portionsweise einfrieren.
Für kleinere Mengen lohnt sich die Arbeit kaum, es sei denn, man hat nur eine kleine Menge Kräuter zur Verfügung.
Kräuterbutter paßt nicht nur aufs Butterbrot, sondern auch zu vielen Gemüsen, wie z. B. Spargel, Karotten, grünen Bohnen, Blumenkohl, zu kurzgebratenem, magerem Fleisch, Nudeln, Naturreis, Getreidegerichten, usw.

Var.: *Fügen Sie die gehackten Blättchen von 4 Stgl. Basilikum hinzu und lassen Sie dafür den Majoran und den Rosmarin weg.*
  - *Die Hälfte der weichen Butter durch 100 g Magerquark ersetzen, ist eine kalorienarme Variante, die auch sehr lecker schmeckt.*

- schnell -

Kerbel-Sahne-Schaum
- das Entzücken -

1 größeres Bund Kerbel trocken schleudern, die saftigen Stengel sehr fein schneiden, die Blättchen fein schneiden, einige zum Dekorieren zurücklassen. **50-100 g Yoghurt**, Kefir, Schwedenmilch oder Quark mit **etwas Milch** und **1 EL kaltgepreßtem Öl** verschlagen, den Kerbel, **1 Pr. Salz** und **1 TL Zitronensaft** hinzufügen. **150 ml Sahne** halb steif schlagen und unterheben. Gleiches Rezept geht auch mit 1 Pckg. Kresse oder 3 Stgl. Basilikum.

Kräuter-Sahne-Schaum

1 Bd. gemischte Kräuter, z. B. Petersilie, Schnittlauch, Majoran, Dill, Kerbel, Estragon, Thymian, Zitronenmelisse trocken schleudern, harte und dicke Stengel entfernen, grob schneiden. **50-100 ml Yoghurt**, Kefir, Schwedenmilch oder Quark mit **1 EL kaltgepreßtem Öl** und **etwas Milch** verrührt in einen hohen Rührbecher geben und mit den Kräutern pürieren. Falls gewünscht, am Schluß **½ Zehe Knoblauch** kurz mitpürieren. **150 ml Sahne** halb steif schlagen und unterheben. Mit **2 TL Sojasoße** abschmecken.

Beide Schäume passen wunderbar als Dip zu Kohlrabi, Radieschen, Möhren, Stangensellerie, Pak Choi usw. Oder zu Pellkartoffeln als Ersatz für einen Kräuterquark, zu Bratlingen, Polenta, Aufläufen und Fisch.

- gilt im Prinzip für alle Kräuter -

Basilikum aufbewahren

Ein ganzes Bund ist bei diesem würzigen Kraut oft viel, und es welkt enorm schnell. Daher einige Tips zum Aufbewahren:
- *Waschen, locker in eine Papiertüte und in einen Folienbeutel legen, ohne sie fest zu verschließen und in den Kühlschrank legen, für ein bis zwei Tage. (Auf keinen Fall wie ein Sträußchen ins Wasser stellen, wo sie ihre Seele aushauchen.)*
- *Oder die Blättchen kleinschneiden (Stengelenden zum Kochen verwenden), mit kaltgeschlagenem Öl, besonders natürlich Olivenöl, bedecken und in den Kühlschrank stellen. In den nächsten Tagen eßlöffelweise jeder Salatsoße beimischen. Dies ist eine schnelle und leckere Art, damit fertig zu werden. Etwas aufwendiger, aber vielseitig verwendbar ist das Pestorezept, von S. 21.*
- *Dann gibt es eine gute Möglichkeit, Basilikum zum Aromatisieren von Essig zu benutzen. Einfach einige Zweige in eine Flasche mit Essig stecken oder direkt in die Essigflasche, die im Gebrauch ist. Eine Wochen ziehen lassen.*
- *Gleiches geht auch mit Öl. 1 Pr. Salz hinzufügen.*
- *Oder einfrieren: waschen, trockenschleudern, Blätter abzupfen, locker in einem Beutel verschließen und frosten. Später zerkleinern, indem man mit dem Nudelholz über den geöffneten Beutel rollt, bis alles zerbröselt ist. In ein kleines Gefäß oder portionsgerecht in mehrere umpacken und weiterfrieren.*
- *Getrocknet verliert er leider doch einiges von seinem herrlichen Aroma.*

Basilikum-Pesto
- auf deutsch nachempfunden -

1 Bd. Basilikum waschen, trocknen, schleudern, Blätter abzupfen und einschließlich der oberen Stengelteile hacken. (Die harten Stielenden eignen sich eher zum Mitkochen in Gemüse).
50 g Mandeln oder Cashewkerne fein reiben.
50 g Gouda reiben
1 kl. Zehe Knoblauch grob zerkleinern.
Alles in einen hohen Rührbecher geben,
1 Tasse Olivenöl hinzufügen und mit dem Schneidstab gründlich pürieren, so daß eine dicke Paste ensteht
Ergibt ca. 250 g.

Im Schraubglas mit Öl bedeckt läßt sich diese aromatische Köstlichkeit mind. 2 Wochen im Kühlschrank aufbewahren.
Paßt wunderbar auf Brot mit Radieschenscheiben, zu Quarkschnitten, Nudeln, Naturreis, Gemüsetöpfen, Getreidegerichten und als besonderer Geschmacksgeber zu Hülsenfrüchten und in Gemüsesuppen.
Übrigens original italienisches Pesto wird mit Pinienkernen und Parmesan, bzw. Peccorinokäse hergestellt.

Var.:- Ohne Käse und mit nur der Hälfte des Olivenöls, ist es auch hervorragend.

- braucht etwas Zeit -

Kräuter-Creme-Soßen - gekocht
- unübertroffen im Aroma -

Am besten immer nur ein Kraut für eine Soße verwenden.

Zuerst stellen wir eine cremige Universal-Soßengrundlage her (s. auch Weißweinsoße - große Klasse S. 94.)

50-100 g Zwiebeln fein würfeln, in
1 EL Butter sanft glasig schmoren,
1 EL feines Weizenvollkornmehl oder Naturreismehl drüberstäuben und kurz mitschmoren.
200 ml Gemüsebrühe (oder zum Hauptgericht passend Fischsud, Hühner- oder Knochenbrühe usw.) angießen. Im offenen Topf unter gelegentlichem Rühren in ca. 5 Minuten fast verdampfen lassen.
200 ml Sahne angießen, wie eben reduzierend kochen lassen, bis es um ein Drittel eingekocht ist, in ca. 10 Minuten.
Inzwischen das gewünschte Küchenkraut fertig machen: Blättchen von den harten Stengeln zupfen oder rebeln, einige zum Dekorieren zurückbehalten. Weiche Stengel können gehackt mitverwendet werden.

½ -1 Bd.	Estragon		
oder	1 Stgl.	Salbei	Diese Kräuter müssen
oder	1 Bd.	Petersilie	in der Soße ca.
oder	½ Bd.	Thymian	2-3 Minuten
oder	1 Stgl.	Rosmarin	mitkochen, damit
oder	50 g	Sauerampfer	der Geschmack
oder	2 Stgl.	Minze	herauskommt.
oder	6 Stgl.	Dill	

oder	1 Pckg. Kresse	Diese Kräuter dürfen nicht
oder	1-2 Bd. Kerbel	mitkochen, da der Geschmack
oder	½ -1 Bd. Basilikum	sonst verloren geht. Einfach

gehackt in die Soße geben und etwas ziehen lassen.

Die Soße kann jetzt noch püriert werden, muß aber nicht.
Abschmecken, und die restlichen Kräuter drüberstreuen.

Diese Soßen passen zu allen Gemüse- und Getreidegerichten, Fisch, Fleisch und Geflügel. Besonders bei mageren Hauptgerichten sind sie eine willkommene Ergänzung.

Var.: Möchte man Kalorien und Zeit sparen, stellt man eine sehr einfache Soßengrundlage her, (s. auch Mandelsoße - einfach - S. 95): ¼ l schwache Gemüsebrühe (oder ä.) zum Kochen bringen.
2 EL fein gemahlenes Naturreismehl in etwas Wasser angerührt in die kochende Brühe schlagen. ½ -1 EL Butter dazugeben und mit dem ausgewählten Küchenkraut so verfahren, wie vorher beschrieben.

4 x Kräuterquark mit frischen Sommerkräutern

500 g Quark mit etwas Milch, Wasser oder Sahne glattrühren
½ -1 TL Salz und
4 EL Zitronensaft hinzufügen und die Menge in 2 Hälften teilen. Jetzt gehen wir in zwei kräutergeschmackliche Richtungen:
1. **1 kl. Zehe Knoblauch**   2. **6 Stgl. Petersilie**
   6 Zweige Thymian   **5 Stgl. Kerbel**
   4 Blättchen Salbei   **3 Stgl. Estragon**
   1 Spitze Rosmarin

Die Blättchen von den harten Stengeln zupfen. Nur zarte Stengelspitzen verwenden. Den Knoblauch fein würfeln und mit etwas Salz zerdrücken. Jede Partie für sich fein hacken und in je eine Hälfte Quark einmischen. Etwas ziehen lassen.

Knoblauch, Thymian und Salbei sind übrigens keimtötend und entzündungshemmend.

3. **Schnittlauchquark** einfach und beliebt wie eh und je
   In 250 g Quark, wie oben angerührt,
   1 Bd. Schnittlauch in Röllchen geschnittenen Schnittlauch einrühren.

4. **Melissenquark**
   In 250 g Quark, wie oben glattgerührt,
   8 Stgl. gehackte Zitronenmelisseblättchen einrühren, mit dem Saft von
   ½ Zitrone und
   1 TL Honig abschmecken.

- einfach -

Legierte Gemüsebrühe mit Kerbel oder Kresse oder Estragon

1,5 l Wasser	zum Kochen bringen oder eine selbstzubereitete Knochenbrühe verwenden.

2 Gemüsebrühwürfel darin auflösen.

2 EL feines Weizenvollkornmehl oder Naturreismehl in etwas kaltem Wasser anrühren. Wenn die Brühe kocht, das angerührte Mehl einrühren, aufko-chen lassen. Bei Verwendung von Estragon müßte er jetzt mitgekocht werden. Also

2-3 Zweige frischen Estragon abrebeln, die Blättchen hacken und 1-2 Minuten mitkochen. Kerbel und Kresse s. u.

150 ml Sahne mit
2 Eigelben in einer kleinen Schüssel verquirlen.

Legieren: Von der heißen Brühe eine kleine Schöpfkelle voll in die Eiersahne geben und mit dem Schneebesen verschlagen. Dann das Gemisch langsam in die heiße Suppe laufen lassen und schlagen. Die Suppe darf nicht mehr kochen, sonst gerinnt das Ei.
Bei Verwendung von Kresse oder Kerbel sind sie jetzt erst an der Reihe, da sie nicht mitkochen dürfen. Also

1 Tasse gehackte Kresse oder Kerbel kurz vor dem Servieren in der Suppe etwas ziehen lassen.

Das übrig gebliebene Eiweiß zu Schnee geschlagen für Bratlinge, Aufläufe und Füllungen verwenden.

Grüne Salate

*Kennen Sie die Fülle der Blattsalate?
Einfach zugreifen und ausprobieren. Besonders zart: Kopfsalat, Lollo rosso, Lollo bionda, Eichblattsalat, Batavia, Rucola (leicht scharf), Feldsalat, Winterpostelein.
Etwas robuster: Eisbergsalat, Römersalat, Friseesalat, Endivie, Radicchio und Chicoree (die letzten vier als Verwandte des Chicorees leicht bitter).
Sie sind das Aushängeschild des Frischen und Lebendigen und versorgen uns mit Chlorophyll, Mineralien, Ballaststoffen und vielen sekundären Pflanzenstoffen (siehe auch bei den Kräutern) in natürlichem Zustand. Sie ergänzen aber im Grunde nur die Palette der gesamten Gemüsepflanzen, die wir auch roh verzehren können und sollen.
Also kombinieren wir sie mit allem, was wir frisch und möglichst aus dem biologischen Anbau beziehen können. Solche Salate können ganze Mahlzeiten ersetzen und sind die besten Schlankmacher - wenn die Marinade mager ist!
Im Winter können wir in unseren Breiten grüne Salate (ebenso wie Gurken und Tomaten) nur noch in Gewächshäusern unter Einsatz von Pestiziden und viel Energie erzeugen oder über lange Wege zu uns transportieren. Das macht den Verbrauch wie auch die Qualität fragwürdig. Da eigentlich alle grünen Salate Nitratsammler sind, ist ihr Verzehr in der lichtarmen Jahreszeit ohnehin nicht sonderlich zu empfehlen
(s. auch S. 42/43). Nur Chicoree macht hier eine Ausnahme.
Im übrigen stehen uns fast alle anderen Gemüsesorten für die Frischkostzubereitung auch im Winter zur Verfügung. (Sie sind im jeweiligen Kapitel dargestellt.)*

Salate als Schlankmacher

Ist Ihnen aufgefallen, daß heutzutage Salate und Frischkosten vielfach vor der Hauptmahlzeit gereicht werden? Das ist eine sehr gute Sache.

- Rohes und Frisches kräftig kauen zu müssen, stärkt nicht nur den gesamten Zahnhalteapparat, sondern bringt die Verdauungssekrete des ganzen Organismus in einem natürlichen Rhythmus rechtzeitig und nachhaltig in Schwung.
- Eine gewisse Vorsättigung wird mit sehr kalorienarmen Lebensmitteln erreicht, die das ganze Spektrum an sekundären Pflanzenstoffen (u.a. Vitamine), Mineralien und Ballaststoffen in natürlichem Zustand enthalten neben wenig Kohlenhydraten, Eiweiß oder gar Fett, aber relativ viel Wasser. Das füllt den Magen schon ganz gut und ist nicht so schnell verdaut, wie man meinen möchte. Erst wenn dieser ballaststoffreiche Speisebrei im Darm angelangt ist, wird er zu einem aufräumenden D-Zug.

Aber bitte kein Dogma aus der rohen Vorspeise machen. Im Winter kann auch eine warme Suppe vorweg erst mal das Richtige sein.

Herstellen zweier Salatsoßen:

1. Die klassische Essig - und Öl Marinade (Vinaigrette)

> 1 EL Essig oder Zitrone
> 1 Msp. Honig
> 1 Pr. Salz oder ¾ EL Sojasoße
> 1 TL Senf
> 1 kl. Zwiebel (bes. Frühlingszwiebeln), sehr fein gewürfelt
> 2 EL kaltgepreßtes Öl. Alles verschlagen, bis es dicklich wird, evtl. mit
> 2 EL Wasser verdünnen.

- Die angegebene Reihenfolge hat ihren Sinn, z. B. lösen sich der Honig wie auch das Salz besser in der Zitrone auf,
- und Gewürze und Kräuter, die besonders die Soße würzen sollen, werden durch die Säure besser aufgeschlossen, ehe das Öl dazukommt.
- Essig und Zitrone stabilisieren für eine gewisse Zeit die Vit. C Anteile im geschnittenen Gemüse.
- Milde Essigsorten wie z. B. Balsam-Essig geben einen besseren Geschmack.
- Auch ein guter Senf, der nicht nur scharf ist, ist ein entscheidender Geschmacksgeber.
- Das Öl ist ebenso wichtig. Es sollte das kostbarste sein, das wir uns gönnen und nur kaltgepreßt sein. Es liefert uns nämlich in seinem naturbelassenen Zustand weitaus mehr Stoffe mit gesundheitsfördernder Wirkung als das raffinierte, geschmacksneutrale Speiseöl. Sein Geschmack sollte uns jedoch zusagen. Gewöhnung ist möglich, wenn man weiß warum. Letztendlich erschließen wir uns dadurch ganz neuen Geschmacksempfindungen und beim gelegentlichen Wechsel auf eine neue Sorte andere wertvolle Inhaltsstoffe. Kaltgepreßte Öle sind licht- und sauerstoffempfindlich, daher immer gut verschlossen und dunkel aufbewahren.

2. **Die Sauermilch - Marinade** als Abwechslung oder weil sie zu bestimmten Gemüsen einfach besser paßt, wie z. B. zu Chicoree.

---
150 g Joghurt o. ä., s. u.
2 EL Zitrone
1 TL Honig / Ahornsirup
1 Pr. Salz

Zur Einschätzung der Fettanteile:
Jogh., Kefir, Dickm., saure S., Schmand, Cr. fraîche, Sahne
3,5 % 3,5 % 3,5 %   10 %   24 %   30 %   30 %

Bei den ersten drei gibt es auch Magerstufen von 1,5 % Fett. Man sollte weder ständig Crème fraîche und Sahne verwenden - sie schmecken ja so verführerisch - noch durchgängig die Magerstufe. Vernünftig scheint die Normalfettstufe von 3,5 % für Sauermilch-Marinaden und eventuell etwas saure Sahne, denn z. B. erschließt nur Fett die fettlöslichen Vitamine A, D, E und K, ob sie nun in der Milch vorkommen oder im beigfügten Gemüse. Gleiches bewirkt natürlich auch das Öl in der Vinaigrette.

Beide Soßen sind unendlich variabel, z. B. mit Tomatenmark, gekörnter Brühe, zerdrücktem Roquefort, Merrettich, Kräutern, gehackten Eiern, Chutneys, Worchestersoße, Maggi usw. Erfinden Sie die Lieblingssoße Ihrer Familie, bis Sie wieder Lust auf etwas Neues haben.

Allzeit bereit: Stellen Sie folgende Soßenzutaten in einem Kasten versammmelt griffbereit dunkel auf: Öl, Essig, Senf, Honig, Sojasoße, Salz, Pfeffer, Zitronen und Zwiebeln. Sie halten sich ohne extra Kühlung. Dieser eine Griff, um alles zur Hand zu haben, erleichtert die Arbeit wesentlich.
Im übrigen kann man eine Vinaigrette auch auf Vorrat herstellen.

Wir bauen einen Salat auf

- Geschnittenes Gemüse sofort in die Salatsoße geben, damit die Schnittflächen nicht dem abbauenden Sauerstoff ausgesetzt sind. Anders ist es bei Blattsalaten, die erst kurz vor dem Essen mit der Soße gemischt werden, damit die Säure sie nicht schlapp macht.
- Festere Gemüse in dünne Scheiben oder Streifen schneiden, raffeln oder hobeln. Probieren Sie selbst, wie intensiv gut fein geraffelte Möhren schmecken, aber wie intensiv rübig fein geraffelte Steckrüben und wie aromatisch fein gehackte Kräuter. Die Körnung ist also wichtig.
- Zartes Gemüse, wie z. B. Zucchini oder Obst, wie z. B. Äpfel eher würfeln, scheibeln, eigentlich immer in schmeck- und fühlbaren Stücken lassen. Äpfel in dünnen Scheiben mit Zitronenwasser 1:1 schmecken z. B. schon so sehr lecker.
- Blattsalate nicht im Wasser liegen lassen. Hüllblätter und die dicksten Rippen entfernen (wegen des Nitrats). In mundgerechte Stücke reißen, trocken schleudern (eine Salatschleuder ist wirklich sehr praktisch), damit die Salatsoße besser haftet.
- Sprossen, Kresse, gehackte Kräuter und gehackte Nüsse ergänzen den Geschmack und das Nährstoffangebot und geben Gelegenheit zu ausgiebigem Kauen.
- Salatzutaten, die keine nennenswerte Schnittfläche haben, oder wenigstens nicht schnell oxydieren, können dekorativ nebeneinander auf einer Platte angerichtet und mit der Salatsoße besprenkelt werden. Das sieht immer sehr appetitanregend aus.
- Salatköpfe und Kräuter im Kühlschrank im Gemüsefach aufbewahren. Vorwaschen oder mit Wasser anfrischen und in einer Papiertüte in einen Plastikbeutel legen, der ein klein wenig geöffnet sein sollte. Dennoch schnell verbrauchen.

Handwerkliches

- Nun möchte ich Ihnen noch Mut machen für ein schönes großes Messer, das sogenannte Kochmesser, bei dem die Hand zwischen Griff und Arbeitsbrett nicht eingeklemmt werden kann, weil die Klinge übersteht. Das ist das Messer des Kochs, daher der Name, das Ihnen als Chefin oder Chef der Küche auch zusteht und mit dem Sie mühelos jeden Kohlkopf zerschneiden und einen ganzen Berg Kräuter auf einmal hacken können, so daß Sie jeden extra Petersilienschneider oder Zwiebelhacker vergessen können.
  Für eine Frauenhand sollte es nicht das größte Messer sein (16-18 cm lang), und ein kleineres Kochmesser mit Wellenschliff könnte auch dabei sein. Das kleine Officemesser oder Zubereitungsmesser wäre gut zum Angewöhnen.
- Ferner gehören ein großes Schneidebrett von 40 cm Länge dazu
- und eine große Salatschüssel, in der die Salatsoße nicht nur gleich angerührt wird, sondern in der auch viel Platz zum Wenden ist.

Die Chicoree Familie

Chicoree:
Die schlanken, rübenartigen Wurzeln der Treibzichorie werden im Herbst in Kellern oder Gewölben in Sand gehalten und treiben Blattschöpfe, die den ganzen Winter über geerntet werden können und nicht weniger Wirk- und Nährstoffe enthalten als z. B. Kopfsalat, mit Ausnahme des Chlorophylls natürlich, dafür aber kaum nitratbelastet sind. Die Bitterstoffe sind uns willkommen, da sie den Gallenfluß und den Appetit anregen. Wir mildern sie einfach durch die Art der Salatsoße.

Joghurt-Zitronen Soße von S.128 zusammenrühren und mit **etwas Curry oder Muskatblüte** würzen.
1-2 Äpfel mit Schale, aber ohne Kernhaus würfeln.
1 kl. Apfelsine in Spalten teilen und diese quer in Stückchen schneiden.
3 Köpfe Chicoree (ca. 300 g) halbieren und in 1cm breite Streifen schneiden, ohne den Strunk zu entfernen. Alles fortlaufend in die Soße geben und mischen.
2 EL Haselnüsse o. ä. grob hacken und drüberstreuen.

Radicchio
(sprich Radikio) wird ab Oktober geerntet. Man kann ihn wie Chicoree anrichten, da er wie dieser ein Verwandter der Zichorie ist und Bitterstoffe enthält. Aber auch eine Essig- und Öl- Marinade paßt gut zu ihm, besonders wenn man 1 EL Haselnußöl einmischen kann und gekochte Eier oder eine reife Avocado in den Salat mischt. Er ist durch seine rote Farbe sehr dekorativ und paßt geschmacklich gut zu allen milden Blattsalaten.

Zuckerhut, Endivie und Frisee (krause Endivie)
gehören ebenfalls in diese bittere, aber gesunde Zichorienfamilie und lassen sich wie die oben genannten Salate vielfältig anrichten, z. B. auch mit der Roquefort-Soße von S. 33 oder in Mischsalaten verwenden.

Salat aus Rucola oder Rauke

Die Rauke ist ein sehr würziger Salat, deren Blätter ähnlich gefiedert wie Rettichblätter aussehen. Sie stammt aber aus der Familie der Kohlgewächse und wird auch Senfkohl genannt. Sie hat einen pikanten Eigengeschmack, so daß sie als Beimischung zu anderen Blattsalaten, Tomaten und geraffeltem Gemüse eine interessante Ergänzung ist.

Als Soße eignen sich die Essig-Öl- wie die Sauermilch-Marinade oder folgende **Roquefort-Soße:**

---

30 g Roquefort (ca. 2 EL) in einen hohen Rührbecher geben.
180 g saure Sahne
1 EL Zitronensaft
1 Msp. Honig hinzufügen und mit dem Pürierstab zu einer homogenen Soße aufschlagen, mit
Pfeffer abschmecken.
200g weißen Rettich ungeschält in die Soße hobeln.
1-2 Handvoll Rauke trocken schleudern, klein zupfen oder schneiden und unterheben.
2 EL Haselnüsse o. ä. grob gehackt drüberstreuen, an evtl. vorhandene Sprossen denken.

Var.:- Statt Rettich kann man nehmen: Steckrüben oder Gartenkürbis grob geraffelt, halb Sellerie, halb Möhren ungeschält und fein geraffelt, Blumenkohlröschen, Topinambour geschält und gehobelt, Tomaten, Radieschen usw.

Feldsalat

auch Rapunzel (ja, der aus dem Märchen) oder Ackersalat genannt, ist ein Herbst- und Wintersalat. Um gute Ernten zu erzielen, wird er während der kalten Jahreszeit auch im Öko-Anbau meist unter Folie gezogen. Er ist daher teuer und durch die lichtarmen Kulturbedingungen nitratbelastet (s. a. S.42). Nun ist er einfach zu lecker und zu inhaltsreich, als daß man ganz auf ihn verzichten möchte. Daher richten wir ihn mit Vit. C- und Vit. E-reichen Soßen und Zutaten an.

---

100 g Feldsalat waschen, den Wurzelansatz etwas kürzen, so daß sich die äußeren Blätter lösen, die inneren aber noch zusammenhalten, nochmals waschen und trocken schleudern.
1 Scheibe Vollkornbrot kroß rösten, mit
1 Zehe Knoblauch von beiden Seiten einreiben und würfeln.
  Für die Quark - Nuß - Soße:
2-3 EL Quark (ca. 100 g)
2-3 EL Joghurt (ca. 100 g)
1 EL Zitrone , 1 Msp. Honig
2 EL Weizenkeimöl (besonders Vit. E-reich)
2 TL Nußmus und
1 TL Sojasoße mit dem Pürierstab zu einer Soße aufschlagen.
150-200 g Blumenkohl (Vit. C-reich) in dünne Scheiben schneiden,
1 Apfel würfeln. Beides mit der Hälfte der Soße vermischen und, in die Mitte einer Platte legen. Den Feldsalat als Kranz drumherum legen. Vor dem Servieren mit der restlichen Soße begießen.
  Die Knoblauchcroutons und
1 Handvoll Walnüsse, grob gehackt, drüberstreuen.

Var.: - *Die Roquefort-Soße mit einer reifen! zerdrückten Avocado verquirlt, paßt auch hervorragend dazu.*
 - *Vit. C-reiches Gemüse ist außerdem Paprika.*

Winterpostelein und Portulak

*Beide Pflanzen sind miteinander verwandt:
Portulaca sativa = Winterpostelein und
Portulaca oleracea = Portulak oder Postelein,
haben aber eigentlich wenig gemeinsam.*
Portulak (Postelein) *ist eine fast vergessene Salatpflanze. Sie hat längliche, fleischige Blätter, schmeckt würzig säuerlich und liebt den Sommer. Sie paßt als Beimischung in jeden Salat.*

Winterpostelein *hat fast herzförmige Blätter an langen, dünnen Stielen, schmeckt fein spinatähnlich und wächst bei uns im Schutze von Kalthäusern ohne Probleme den ganzen Winter über. Aus diesem Grunde ist er für uns interessant. Wir richten ihn ähnlich wie Feldsalat mit Vit. C- und Vit. E-reichen Soßen und Zutaten an.*

Salat aus Winterpostelein

2 EL Zitrone
1 Msp. Honig
2 TL Senf
4 EL saure Sahne
1 EL Weizenkeimöl und
1 Pr. Salz   mit dem Pürierstab zu einer Soße aufschlagen.
1-2 Äpfel   würfeln, mit der Soße mischen.
150-200 g Winterpostelein waschen, die Stiele etwas kürzen.
1 Handvoll Walnußkerne nur ein wenig zerbrechen.
Beides amTisch mit der Soße mischen.

Var.: - In die Soße 1 reife! Avocado, gemust, einrühren.
  - Die Soße statt mit Senf mit gefrorenem Dill würzen.
  - Knoblauchcroutons (S. 44) auf den Salat streuen.
  - Im übrigen ist er genauso wie Feldsalat (s. gegenüber) oder
  - mit der Roquefort-Soße (S. 33) anzurichten.

Rübstiel und Mairüben bzw. Teltower Rübchen oder Navetten

Was haben sie gemeinsam?
Sie gehören der gleichen Pflanze an.
Rübstiel sind die Blätter der Mairüben, die so eng gesät werden, daß sich hauptsächlich viel Blattmasse bildet, die als Rübstiel geerntet wird. Im Rheinland wird er zu dem beliebten Stielmus verarbeitet. Man kann ihn auch ähnlich wie Spinat oder Mangold zubereiten.

Wachsen bei entsprechendem Abstand Rüben aus dem Samen, sind es im Frühjahr Mairüben und im Spätsommer die Teltower Rübchen, Wasser- oder Stoppelrüben. Sie sind klein, weiß bis violett, leicht rübenartig im Geschmack, aber feiner als Steckrüben. Kommen sie aus Frankreich, heißen sie navet, verdeutscht Navetten.

Elkes
Rübstiel-Salat mit gekochten Eiern

2 Eier	in 7-8 Minuten hart kochen, abschmecken, pellen und würfeln.
2 EL Zitrone	
1 Msp. Honig	
1 TL Senf	
1 EL Sojasoße	
2 EL Olivenöl	und
2 EL Sahne	zu einer Soße verrühren.
	Diese Zutaten sofort in die Soße:
150 g Rübstiel	putzen, in ½ cm breite Streifen schneiden,
5-6 Radieschen	fein hobeln
1-2 Frühlingszwiebeln	in feine Röllchen schneiden.
	Zum Schluß die Eierwürfel locker mit allem vermischen.

Var.: -Statt Rübstiel ungeschnittenen Frühlingsspinat verwenden.

- einfach -

Rübstiel-Pfanne mit Zucchini und Tomatenmark

500 g Rübstiel	putzen, evtl. trockenschleudern, in ½ cm breite Stücke schneiden.
250 g Zucchini	längs vierteln, dann in ½ cm dicke Viertel schneiden.
250 g Zwiebeln	würfeln oder in Halbmonde schneiden, in
2 EL Olivenöl	kurz anschmoren, an den Rand der Pfanne schieben und die Zucchini zugeben.
1 Pr. Salz	draufstreuen, zudecken und 3 Minuten schmoren. Falls die Pfanne nicht groß genug sein sollte, den Rübstiel jetzt extra mit
1 EL Olivenöl	und
1 Pr. Salz	5 Minuten zugedeckt schmoren. Dann
1 kl. Glas Tomatenmark (70 g)	dazugeben. Möglichst bald den Rübstiel und die Zucchini mischen. Insgesamt brauchen die Zucchini 10 Minuten und der Rübstiel 8 Minuten. Beide sollten bißfest bleiben, aber der Rübstiel noch knackiger. Zum Schluß bei offener Pfanne etwas abdampfen lassen. Gleichzeitig abschmecken mit
2 Knoblauchzehen, zerdrückt,	
Salz, Pfeffer	und
etwas Senf.	

Dazu paßt ein Käse-Kartoffelbrei (s. S. 131), der es dann alleine tut oder einfacher Kartoffelbrei oder Pellkartoffeln, die gerne noch von einem Würstchen oder Rührei begleitet sein dürfen.

- braucht etwas Zeit -

Rheinisches Stielmus

750 g Kartoffeln schälen, wie Salzkartoffeln kochen. Dann mit **50-100 ml Milch** und **20 g Butter** zu einem Kartoffelbrei verarbeiten. Inzwischen **1,5 l Salzwasser** (1/2 TL Salz) aufsetzen. **400 g Rübstiel** vom Grün ziemlich befreien (in den nächsten Salat mischen) und im kochenden Wasser blanchieren. Abtropfen lassen. Jetzt ist es Zeit, den Kartoffelbrei fertigzustellen. Dann den Rübstiel kleinhacken und unter den heißen Kartoffelbrei heben. Mit **Salz, Pfeffer, Muskat** und **gem. Koriander** abschmecken.

Im Rheinland ißt man gebräunte Blutwurst oder gebratenen Speck mit Zwiebeln dazu. Bremer Gekochte in Scheiben würde auch gut passen, oder es geht auch rein vegetarisch mit gerösteten Sonnenblumenkernen oder Cashewnüssen.

Römersalat und Teltower Rübchen
(Mairüben oder Navetten)

---

1 EL Balsamessig
1 EL Sojasoße
2 EL saure Sahne
2 EL Distelöl, kaltgepreßt, zu einer Soße verrühren.

1 kl. Stück Zucchini (ca. 150 g) klein würfeln,
1 kl. Teltrower Rübchen (ca. 150 g) fein raffeln oder hobeln.
Beides sofort in die Soße geben.
1 kl. Römersalat (ca. 200 g) trockenschleudern, in mundgerechte Stücke reißen oder in Streifen schneiden.
½ Bd. Petersilie fein hacken. Beides auf den Salat geben.
1 EL Kürbiskerne oder gehackte Walnüsse drüberstreuen. Bei Tisch alles zusammen mischen.

Var.: Statt des Römersalates lassen sich auch gut 2-3 Chinakohlblätter in Streifen geschnitten verwenden.

Mairüben, Teltower Rübchen oder Navetten zum Knabbern

Zum Dippen herstellen:
- gerösteten, mit etwas Salz gequetschten Sesam (S. 88),
- Kichererbsenbrotaufstrich (S. 168) mit etwas Wasser zu einem Dip verdünnt oder die
- Kürbiskernsoße (S. 135).
 2-3 Mairüben ungeschält vierteln.
Es muß nicht bei den Rübchen bleiben, sondern Kohlrabi, Radieschen, Fenchel, Selleriestangen, Salatblätter usw. stehen ebenso zur Wahl.

Teltower Rübchen (Mairüben oder Navetten) mit Eisbergsalat

1 EL Zitrone
1 Msp. Honig
1 TL Senf
2 EL kaltgepreßtes Öl zu einer Soße verrühren.

200 g Teltower Rübchen (1-2 Stck) fein hobeln,
50 g Rote Bete fein raffeln. Beides sofort in die Soße geben.
200 g Eisbergsalat (ca. ¼) würfelig oder in feine Streifen schneiden. Wenn vorhanden,
½ Tasse gekeimte und blanchierte Kichererbsen dazu geben, die sich sehr gut darin machen oder
3 EL grob gehackter Haselnüsse drüberstreuen.
Am Tisch alles gut vermischen.

Gekochte Mairüben (Teltower Rübchen oder Navetten)

500 g Mairüben (möglichst klein und jung) ungeschält, je nach Größe ganz lassen, halbieren oder vierteln.
1 EL Butterschmalz mit
1 TL Zucker   in einem weiten Topf erhitzen. Mit
1 Tasse Gemüsebrühe ablöschen. Die Rübchen hineinsetzen.
1 geh. EL feines Vollkornmehl drüberstäuben und zugedeckt 15-20 Minuten garen.

Dazu paßt eine Linsenbeilage mit der Maisvariation (S. 178), Kichererbsendukaten (S. 184) oder Enriques saftige Zwiebelpfanne (S. 114).

Spinat

Sie wollten doch schon lange wissen, warum Spinat nicht aufgewärmt werden darf.
Er gehört zu den Nitratsammlern. Nitrat ist das Ausgangsmaterial für die Eiweißbildung in Pflanzen. Leider kann es sich unter Einwirkung von Bakterien an der Luft, im Speichel und im Magen in Nitrit umwandeln, welches ein Stoff ist, der gefährlich werden kann. Wird gekochter Spinat warm gehalten oder wieder aufgewärmt, haben die Bakterien beste Gelegenheit, Nitrit entstehen zu lassen. Nitrit ist für Säuglinge sehr gefährlich (Blausucht), Erwachsene und Kinder besitzen einen Schutzmechanismus dagegen.
Hat sich Nitrit doch gebildet, ergibt sich das nächste Problem, das für alle gefährlich ist, nämlich die Entstehung der stark krebserregenden Nitrosamine (Verbindung von Nitrit mit Eiweißstoffen).

In der Vermeidung von Nitrat liegt die Strategie.
1. Möglichst nitratarmen Spinat kaufen: Schauen Sie beim Einkauf nach Freilandware, die möglichst wenig Stengel hat. Stengel - bei Salaten auch Blattrippen und Hüllblätter - enthalten mehr Nitrat als Blätter und müssen immer entfernt werden.
2. Freilandware enthält weniger Nitrat, weil im Frühjahr und Sommer viel Sonnenlicht, das für den Umbau in die Eiweißbausteine nötig ist, auch vorhanden ist. Das ist bei Gewächshausware und im Folienanbau in lichtärmeren Zeiten nicht der Fall.
3. Küchentechnisch läßt sich durch Blanchieren ein sehr großer Anteil des Nitrats (bis 70 %) ausschwemmen. Leider gehen dabei natürlich auch Mineralien und Vitamin C verloren.
4. Öko-Spinat ist anerkanntermaßen weniger nitratreich als konventioneller, da der ökologische Landbau keine synthetische Düngung verwendet. Also nur Öko-Spinat kaufen.
5. Keine Spinatspeisen lange warm halten oder wieder erwärmen, weil das die besten Lebensbedingungen für die umwandelnden Bakterien sind.

6. Gute Helfer, die die Entstehung von Nitrosaminen behindern, sind
- Knoblauch, der sowieso gut zu Spinat paßt, dann
- Vitamin C - also Zitrone verwenden, Säfte und Obst reichen, - und
- Vitamin E, das in allen Ölen enthalten ist, besonders in den Keimölen.

Beherzigen wir all dies, steht uns die gesunde Fülle des Spinats zur Verfügung: viel Eisen (trotz der vielzitierten, vertauschten Kommastelle!), viel Vit. A wie in vielen grünen Gemüsen und Vit. C, wenn er frisch genug ist und als Salat oder Dip gegessen wird. Spinat gleicht manchen Mangel in unserer heute so "üppigen" Ernährung aus.

Der Frühlingsspinat (den ersten Freilandspinat abwarten) ist besonders zart und als Salat sehr lecker roh zu essen. Im Laufe des Jahres nimmt er an Stärke zu, bis er als Winterspinat deutlich an Struktur und Herzhaftigkeit gewinnt - aus den erwähnten Gründen auch an Nitrat und sollte dann blanchiert werden.

Spinat-Salat mit Knoblauchcroutons

2 Scheiben Vollkorntoast toasten, mit
1 Knoblauchzehe von beiden Seiten einreiben, anschließend
  in Stücke brechen oder würfeln.

1 El Zitronensaft
1 Msp. Honig
1 TL Senf
1 EL Apfelsaft
1 EL Sojasoße
1 EL Olivenöl
1 EL Sahne und
2 Pr. gem. Fenchel zu einer Soße verrühren

5-6 Radieschen oder roten Rettich fein hobeln,
2 Stangen Spargel schälen und in Scheibchen schneiden.
1 Frühlingszwiebel in Röllchen schneiden.
  Alles fortlaufend in die Soße geben
200 g jungen frischen Spinat gründlich waschen, die Stengel
  entfernen.
½ Bd. Petersilie ohne Stengel grob hacken.
  Spinat und Petersilie erst kurz vor dem
  Servieren mit dem übrigen Salat mischen.
  Zum Schluß
1 gute Handvoll Knoblauchcroutons darüberstreuen.

Var.: - Zur gleichen Soße passen auch: 100 g gescheibelte Champignons, 2 in Röllchen geschnittene Frühlingszwiebeln, 100 g Feldsalat oder Winterpostelein und 2 EL gehackte Nüsse.
- statt Spinat kleingeschnittenen Rübstiel verwenden.

- einfach -

Grüner Dip aus rohem Spinat

50 g rote Linsen (sind geschält) in
200 ml Gemüsebrühe zum Kochen bringen, 5-10 Minuten sanft garen, dann abkühlen lassen.
Inzwischen
100 g frischen Spinat gründlich waschen, Stengel entfernen, trocken schleudern, grob schneiden, von
2-3 Stgln. frischer Pfefferminze nur die Blättchen oder 2 EL getrocknete Pfefferminzteeblätter, von
4 Stgln. Petersilie die dicksten Stiele entfernen.
Nun den abgekühlten Linsenbrei und das ganze Grünzeug zusammen mit
1 EL Distelöl und
50 g Joghurt oder Dickmilch oder saurer Sahne gründlich pürieren, z. B. mit dem Pürierstab in der großen Rührschüssel.
1 kl.! Zehe Knoblauch zerquetscht dazugeben (gibt eine feine Würze).

Das zarte Pfefferminzaroma paßt gut zu dem lebhaften Grün dieses Dips.
Er ist wie ein Püree oder eine Soße zu Reis einzusetzen oder bietet als Dip zu geschnittenem Gemüse einen Blickfang auf jedem kalten Buffet. Man kann auch gefrorenen Spinat verwenden, der nur aufgetaut zu werden braucht. In jedem Fall sollte der Dip frisch verbraucht werden.

Var.: - Eine geschmacklich andere Version entsteht, wenn Sie statt der roten Linsen den Kichererbsen-Brotaufstrich von S. 168 oder einen Teil davon verwenden.

- braucht nur wegen der Putzarbeit des Spinats etwas Zeit, s. unten, sonst einfach und schnell -*

Spinatpfanne - auf koreanisch

1 kg Spinat	gut waschen, Stiele entfernen, trocken schleudern, etwas klein schneiden.
400 g Zwiebeln würfeln, in	
2 EL Butterschmalz anschmoren.	
	Den Spinat dazugeben, unter Wenden zusammenfallen lassen.
4 EL Sojasoße	angießen. 5-10 Minuten ohne Deckel schmoren lassen. Die Flüssigkeit soll möglichst verdampfen.
3-4 Zehen Knoblauch zerdrücken und zugeben.	
3 EL Sesam	trocken rösten, mit
1 Prise Salz	etwas quetschen (siehe auch S. 88) und zum Schluß drüberstreuen.

Dazu paßt nun wahrlich vieles: Quellreis (S. 200), Polenta (S. 196), Minibratkartoffeln (S. 132), Weizen-Käse-Klößchen (S. 191) usw.

Var.: - Man kann den Spinat in Pfannkuchen eindrehen oder für besondere Anlässe sofort in aufgebackene Pastetenformen füllen und heiß essen. Dann sind noch extra geschmorte Pilze sehr lecker dazu.

* Will man Zeit und Putzarbeit sparen, kann man auch gefrorenen, ungewürzten Spinat verwenden. Nur rechtzeitig aus der Kühlung nehmen und nach dem Auftauen zu den Zwiebeln geben und fortfahren.

- einfach -

Spinat-Suppe aus gefrorenem Spinat
- Frau Kerns "Grüne Woche" -

300 g Tiefkühlspinat 1-2 Stunden vorher aus der Kühlung nehmen, damit er recht weit aufgetaut ist.
1 Zwiebel (ca. 50 g) fein würfeln, in einem Suppentopf mit
1 EL Butterschmalz anschmoren.
30 g feines Vollkornmehl darüberstäuben, unterrühren.
1 l kaltes Wasser unter Rühren angießen und zum Kochen bringen.
2 Gemüsebrühwürfel einrühren. Den Spinat zugeben und bei geschlossenem Topf vollends auftauen und kurz kochen lassen.
Inzwischen
1 kl. Knoblauchzehe mit etwas Salz zerdrücken und stehen lassen (siehe auch S. 111).
2 Scheiben Vollkorntoast oder- weizenbrot würfeln, in
1 EL Butterschmalz leicht rösten, später getrennt zur Suppe reichen.
Wenn die Suppe gekocht hat,
100 g geriebenen Gouda unterrühren, mit
Salz, Pfeffer und
Muskat und dem Knoblauch abschmecken.
Die Brotwürfel extra dazu servieren.

- einfach -

Spinat - Soufflé, das nicht zusammenfällt

500 g Blattspinat	gut waschen, Stiele entfernen, in Streifen schneiden. In einer Pfanne mit
1 EL Butter	anschmoren und zusammenfallen lassen. Dabei
1 El Sojasoße	zugeben. Die Flüssigkeit, so gut es geht, abdampfen lassen. Das dauert ca. 5 Minuten. Inzwischen
200 g Quark	
2-3 Eigelb	
1 EL Vollkornmehl	oder Kartoffelmehl,
etwas Salz und Pfeffer	und
1 Zehe Knoblauch	, zerdrückt, verrühren und mit dem Spinat mischen. Backofen auf 200° C vorheizen.
2-3 Eiklar	mit
1 Pr. Salz	steif schlagen, sanft unter die Spinatmasse heben. Für das Soufflé sollte eine runde höhere Auflaufform genommen werden, die zu 2/3 gefüllt werden kann. Gut fetten. Die Masse einfüllen.
2 EL Sesam,	möglichst geröstet, drüberstreuen. Im Ofen ca. 20 Minuten backen und sofort servieren.

Var.: - Statt des Quarks ca. 100 g zerbröselten Schafskäse zu nehmen, ist etwas für Liebhaber dieser Käsesorte.

- braucht Zeit -

Spinat-Pie oder Quiche

Pie-Teig von S. 188 vorbereiten und 15 Minuten vorbacken (kann schon 1 oder 2 Tage vorher gemacht werden).

Die Spinatpfanne auf koreanisch von S.46 (ohne den gerösteten Sesam) zubereiten. Aber danach nicht kalt werden lassen (siehe S.42), sondern während der Spinat schmort, schon die nächsten Schritte unternehmen:

Den Backofen auf 200 °C einstellen. Den Guß vorbereiten:

2 Eier	
150 g Sahne	oder halb Milch, halb Sahne,
1/4 TL Salz,	
etwas Pfeffer	und
geriebenen Muskat	verquirlen. Von
3-4 Stengeln Estragon	die Blättchen abzupfen.
1 Zucchini (100-200 g)	in Scheiben schneiden.
	Nun die Spinatmischung auf der Pie verteilen, die Estragonblättchen gleichmäßig drüberstreuen, mit den Zucchinischeiben die ganze Pie abdecken und den Guß drübergießen.
	In den heißen Backofen schieben, 20 Minuten backen lassen.
80 g Käse	reiben, drüberstreuen und bei ausgeschaltetem Herd noch 10 Minuten schmelzen lassen.

Die Estragonblättchen fügen dem Ganzen ein besonderes Aroma hinzu.
Die Pie schmeckt auch kalt sehr gut.

Var.: *- 1 ½ Tassen gekeimte Kichererbsen unter den fertigen Spinat mischen und mitbacken.*

Mangold

Mangold ist wie - Spinat - die Zuchtform einer Rübenart, bei der sich nur die Stiele und Blätter entwickeln. Es gibt ihn als Blatt- oder Stiel- , bzw. Rippenmangold. Beim Blattmangold gibt die größere Blattmasse den Ausschlag. Die Stiele sind dünn.

Beim Stielmangold überwiegen die Stiele deutlich mit einer Breite bis zu 3 cm.Es gibt ihn auch in lebhaftem Rot.

Eine gewisse Herbheit dieser Gemüsepflanze ist nicht zu übersehen. Sie muß beim Kochen mehr als andere Gemüse verschönt werden. Das geschieht

1. *durch Blanchieren, s. nächste S., was gleichzeitig den Nitratgehalt entscheidend verringert (bis 70 %, sie gehört nämlich zu den Nitratsammlern) und*

2. *durch Kombinieren mit gehaltvollen Soßen, Eiern usw.*

*Als Rohkost eignet sie sich nicht besonders.
Mangold ist ähnlich wertvoll wie Spinat. Er beginnt als
Frühlingsgemüse und taucht im Laufe der Vegetationsperiode
immer mal wieder auf.*

Blanchieren: *1-2 l Salzwasser (1-2 TL Salz) zum Kochen bringen. Stiele und Blätter trennen.
Stiele vom Stielmangold 4-5 Minuten im sprudelnd kochenden Wasser blanchieren - dann sind sie knackig gar. Abtropfen lassen.
Stiele vom Blattmangold nur 2 Minuten blanchieren. Die Blätter beider Sorten brauchen nur 1 Minute. Erst nach dem Blanchieren klein schneiden.*

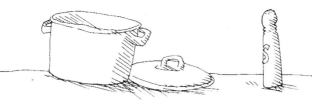

- einfach -

Mangold-Porree mit gestockten Eiern

400 g Mangold in Stiele und Blätter trennen und wie auf S. 50 beschrieben blanchieren. **400 g Porree** in Ringe schneiden, in einer großen Pfanne mit **2 EL Olivenöl** und **1 Pr. Salz** 5 Minuten schmoren. **1 Stgl. Rosmarin** und **6 Stgl. Thymian** abrebeln, fein hacken und zum Porree geben (oder getrocknete Kräuter verwenden). Den abgetropften Mangold sozusagen im Paket in 2 cm breite Streifen schneiden, neben dem Porree in die Pfanne geben, das Wasser verdampfen lassen, dann mit dem Porree mischen. **2 Zehen Knoblauch** fein würfeln oder quetschen und hinzugeben. **3 TL Zitronenschalengewürz** (ist eigentlich ein Kuchengewürz) untermengen. **3 Eier** **1 Tasse Milch** **etwas Salz** und **Muskat** verquirlen und auf dem Gemüse zugedeckt 5 Minuten stocken lassen.

Dazu passen gut Pellkartoffeln, Käsekartoffelbrei (S. 131), Minibratkartoffeln (S.132) usw.

Var.: - Statt des Mangolds gehen auch 400 g Spinat oder Brennesseln.
 - Statt mit Rosmarin und Thymian zu würzen reichen Sie Basilikum-Pesto (S. 21) dazu.

- braucht etwas Zeit -

Thymian-Mangold in Weißwein-Soße - große Klasse

Die Mühe lohnt sich auf alle Fälle!

Beginnen Sie mit der Soße von .S 94.
Bevor Sie die Soße pürieren, fügen Sie
6-8 Stgl. frischen, abgerebelten Thymian oder 1 EL getrockneten hinzu, lassen noch 2 Minuten kochen, pürieren und schmecken dann ab. Noch während Sie an der Soße arbeiten, setzen Sie
1-2 l Blanchierwasser (1-2 TL Salz) zum Kochen auf, so daß Sie sofort nach der Fertigstellung der Soße
700 g Mangold, wie auf S. 51 beschrieben, blanchieren können. Dann kommt die Pfanne dran:
200 g Zwiebeln in Halbmonde schneiden, in
1 EL Olivenöl kurz anschmoren.
250 g Zucchini würfeln, ca. ½ cm Kantenlänge, neben die Zwiebeln mit
1 Pr. Salz in die Pfanne geben, unter Wenden ca. 5 Minuten schmoren lassen.
Den abgetropften Mangold packenweise in 2 cm breite Streifen schneiden, untermengen und kurz durchkochen lassen.
Je nach Belieben Gemüsepfanne und Soße nebeneinander oder gut miteinander vermischt servieren.

Dazu passen Naturreis oder Pellkartoffeln, Schinkenröllchen oder Cornedbeef, Polenta (S. 169), oder eine Haferbeilage (S. 197) usw.

Var.: - Falls Sie Stielmangold erhalten, blanchieren Sie die Stiele 4-5 Minuten und servieren Sie sie in ihrer ganzen Länge in der Soße - auch ohne Zwiebel- und Zucchini-Beimischung..
- Statt der Weißweinsoße - große Klasse paßt auch sehr gut das Pilzgemüse von S. 105 dazu.

- braucht etwas Zeit -
- für ca. 6 Pers. -

Überbackener Mangold

> 2 l **Salzwasser (1 TL Salz)** zum Kochen bringen.
> Von **800-1000 g Mangold** die Blätter und Stiele voneinander trennen und wie auf S.51 beschrieben, blanchieren.
> **60 g Weizen** oder Dinkel fein mahlen.
> ¼ l **Milch** und ¼ l **Wasser** zum Kochen bringen, vom Feuer ziehen und das Mehl nach und nach mit dem Schneebesen einschlagen, unter Rühren 2 Minuten kochen lassen. Die Konsistenz sollte wie dicke Vanillensoße sein.
> Nun kräftig abschmecken mit
> **1/2 TL Salz,**
> **Pfeffer** aus der Mühle,
> **Muskat,** frisch gemahlen, und
> **1 EL Zitronenschalengewürz.**
> **120 g Gouda** reiben, unterziehen.
> Den Mangold in 2 cm breite Streifen schneiden, in eine gefettete flache Auflaufform legen. Die Soße drübergießen.
> **Butterflöckchen** draufsetzen und bei 200 °C für 20 Minuten in den Backofen schieben (2. Schiene von oben).

*Dazu paßt eine **schnelle Quarksoße** aus 3 EL Quark, 3 EL Milch, 2 EL Weizenkeimöl, 1 EL Sojasoße und 2-3 EL gesüßtem Sanddorn.*

Var.: - Ersetzen Sie einen Teil des Mangolds durch Porree und Tomaten, die natürlich nicht blanchiert, sondern mit Öl angeschmort und mit Kräutern der Provence abgeschmeckt werden.

- braucht Zeit -

Mangold-Pie

Pie-Teig von S. 188 vorbereiten und 15 Minuten vorbacken (kann schon einige Tage vorher gemacht werden). **600-700 g Stiel- oder Blattmangold** in Stiele und Blätter trennen und blanchieren (s.S. 51) **200 g Zwiebeln** würfeln, in **1 EL Butterschmalz** kurz anschmoren, Mangold hinzufügen, ebenso **¼ l Sahne**, **Salz, Pfeffer** und **1 EL Zitronenschalengewürz** untermengen 6 Minuten mit Deckel sanft dünsten lassen. **2 Zehen Knoblauch** quetschen, unterheben und noch mal 6 Minuten offen köcheln lassen. Dabei soll Flüssigkeit verdampfen. Inzwischen den Backofen auf 200 °C einstellen und den Guß zubereiten: **2 Eier** mit **150 g Sahne** oder halb Milch, halb Sahne, **¼ TL Salz, etwas Pfeffer,** **gut Muskat** und **1-2 EL feinem Vollkornmehl** verquirlen. Noch evtl. vorhandene Kochflüssigkeit zum Guß geben. Den Mangold auf der Pie verteilen, Guß drübergießen und 20 Minuten im Ofen backen.

Dazu paßt die gleiche schnelle Quarksoße wie zum überbackenen Mangold gegenüber.

Var.: *-Falls gekeimte Kichererbsen vorhanden sind, 1 Tasse davon unter den gedünsteten Mangold mischen. Das ist eine gute Ergänzung zum Getreide und verschönt den Mangold.*

Mai / Juni ist Spargelzeit

*Hiesiger Spargel, erntefrisch - unübertrefflich!
Die Frische läßt sich am knirschenden Geräusch der Stangen aneinander und an den saftigen Schnittenden erkennen. An diesem Gemüse kann man noch erleben, was Saison bedeutet. Jetzt kräftig zulangen und sich satt essen. Im nächsten Frühjahr ist der Hunger auf Spargel garantiert wieder da.
Er ist eines der kalorienärmsten Gemüse, vitamin- und mineralstoffreich und übt eine anregende Wirkung auf die Nieren aus, dadurch entwässernd.
Außer dem weißen Spargel mit ganz weißen bis violett gefärbten Köpfen gibt es den grünen Spargel, der vitaminreicher ist und nicht geschält zu werden braucht, außer vielleicht ein wenig an den Enden. Er schmeckt ein wenig herzhafter (und kocht etwas schneller).
Haben Sie schon den Gemüseschäler mit der waagerecht angebrachten, beweglichen Klinge entdeckt? In Windeseile ist ein Pfund fertig. Die schönen Schalen für eine Spargel-Cremesuppe auskochen (s. S. 57). Den geschälten Spargel weder waschen noch wässern, der anhaftende Saft gehört jetzt in die Kochbrühe. (Die Stangen evtl. bis zum Kochen mit etwas Folie oder einem feuchten Tuch leicht abdecken.)
Ungeschälter Spargel hält sich in einem feuchten Tuch gekühlt einige Tage frisch. Als Vorrat wird er geschält und unblanchiert eingefroren. Beim Verwenden unaufgetaut ins kochende Wasser geben. Im übrigen kann man 1-2 Stangen geschält und roh in Scheibchen geschnitten in jeden Frühlingssalat mischen.*

- sehr einfach -

Spargel kochen

Pro Person rechnet man 1 Pfund Spargel als Hauptgericht.

2 kg Spargel	schälen. Bei weißem Spargel von oben nach unten mit dem breiten Gemüseschäler schälen, holzige Enden abschneiden. Die Schalen für eine Suppe aufheben. Bei grünem Spargel nur die deutlich helleren Enden leicht schälen.
2-3 l Wasser	aufsetzen, mit
2 TL Salz	
2 Pr. Zucker	und wenn das Wasser kocht, mit
1 Stich Butter	würzen. (In dem Spargelkochwasser evtl. nach dem Essen die Schalen ca. 5 Minuten lang auskochen, aber nicht im Wasser liegenlassen, sonst wird die Brühe bitter). Zuerst die dicksten Stangen ins Wasser legen und so fortfahren, bis alle drin sind. Zudecken, sanft kochen lassen. Nach 8 Minuten Kochzeit schon mal mit einem spitzen Messer die Gare prüfen. Für die Kochdauer ist die Stangendicke ausschlaggebend. Letztendlich darf der Spargel nicht schlapp vom Löffel hängen. Eine Stoffserviette (ohne Weichspülerduft!) auf eine gut gewärmte Platte legen, Spargel drauf und Serviette überklappen. Das saugt Feuchtigkeit auf und hält die Wärme.

Dazu gibt es Pellkartoffeln, hauchdünn geschnittenen Schinken und Butter am Stück, Kräuterbutter (S. 18), Kräuter-Sahne-Schaum (S. 19) oder eine schlanke Mousseline-Soße (S. 59).

- sehr einfach -

Spargelcremesuppe
Warum nicht? Wegen der nierenanregenden Wirkung!

1,5 l Spargelkochwasser, in dem die letzte Spargelmahlzeit wie auch die Schalen gekocht worden sind, s. S 50, aufsetzen.
Wir nehmen gleich vor dem Kochen der Suppe eine Tasse voll von dem kalten Spargelwasser ab und rühren darin
7 gestr. EL feingemahlenen Naturreis (ca. 50 g) an.
Zur Anreicherung und als Einlage kann (muß aber nicht) eine beliebige Menge preiswerter Sup-penspargel, geschält und in mundgerechte Stücke geschnitten, ca. 6 Minuten im Spargelwasser gekocht werden.
Dann lassen wir das angerührte Reismehl unter Rühren in die kochende Suppe einlaufen und noch 1 Minute kochen. Nun
1 EL Butter in der Suppe schmelzen lassen und mit
etwas Salz abschmecken.

Der feine Spargelgeschmack wird hier nur mit Butter und etwas Salz herausgearbeitet. Man kann ihn jedoch noch verstärken, indem man die evtl. mitgekochten Spargelstücke extra püriert und wieder in die Suppe zurück gibt.

Will man nur aus Suppenspargel eine Suppe kochen, kann man ca. 1 kg Bruchspargel auf 1,5 l Wasser nehmen.

Wer noch mit Eigelb legieren möchte, findet die Technik auf S 25.

Schlanke Mousseline-Soße

Zutaten bereitstellen und als letztes vor dem Essen zubereiten.

Knapp **100 g Sahne** halb steif schlagen.
80 g Butter auf schwachem Feuer zum Schmelzen bringen.
2 Eigelb
½ EL Zitrone
2 EL warmes Wasser
2 Pr. Salz
etwas weißen Pfeffer und
1 TL Stärke in einen hohen Rührbecher geben und diesen in ein sich aufheizendes Wasserbad stellen. Die Eigelbe mit den Schaumschlägern des Rühr-gerätes - erste Stufe genügt - aufschlagen, bis sie leicht andicken. Dann die geschmolzene Butter zuerst tropfenweise mitschlagen und schließlich in einem dünnen Strahl zugeben und schlagen. Wenn das Wasserbad heiß wird und sich die Wärme auf die Masse überträgt, dickt sie an. Eine Temperatur von 70 °C darf erreicht werden, nicht mehr, sonst bricht die Emulsion. Also das Wasserbad rechtzeitig vom Feuer ziehen. Wenn die Soße leicht andickt, ist sie fertig. Im Wasserbad verbleibend, die Schlagsahne unterheben und noch mit
1-2 EL Cognac und
½ EL Sojasoße abschmecken. Die Mousseline hat nun eine leicht gebundene und zarte Konsistenz. Im Wasserbad kann sie noch etwas warm gehalten werden. Bei längerem Stehen jedoch setzt sich die Sahne oben ab.

Var.: - Falls eine Verlängerung gewünscht ist, 1-2 EL Quark mit 2-3 EL Milch homogen glattrühren und am Schluß mit der Sahne sanft einrühren, zusätzlich mit 1 TL Sojasoße abschmecken.

Zucchini (Zucchetti oder Courgette)

Ein Gemüse der sanftesten Art, das wie der Kürbis zu den Gurkengewächsen zählt. Sie kommen ursprünglich aus Mittelamerika, haben bei uns außerordentlich an Beliebtheit gewonnen und gedeihen in jedem Garten zu Riesenexemplaren, wenn man sie läßt. Besser schmecken sie jung und zart. Von Mini-Babys halte ich jedoch nicht viel, 20 cm lang sollten sie schon sein, um etwas Reife zu haben.

Ihr geringer Eigengeschmack prädestiniert sie geradezu zu reizvollen Kombinationen mit anderen Gemüsen. Besonders in Schmorpfannen verleihen sie dem ganzen Gericht etwas ihrer saftigen Knackigkeit und Leichtigkeit. Roh gehobelt oder gewürfelt passen sie in jede herzhafte Salatsoße. Sie sind pflegeleicht, verderben trotz ihrer Zartheit nicht schnell und sind praktisch ohne Abfall.
Gesundheitlich sorgen sie für unser Immunsystem, besitzen z. B. viel Carotin wie alle chlorophyllhaltigen grünen Gemüse.

PS: Wer es wissen möchte: Das Wort kommt aus dem Italienischen und wird Zukkini gesprochen (ch = k wie im Chiantiwein). Die Einzahl heißt Zucchino, aber wir wollen es auch nicht zu weit treiben.

Zucchini-Salat

1 EL Essig
1 Msp. Honig
1 EL Sojasoße
2 EL kaltgepr. Öl und
4 EL saure Sahne zu einer Soße verrühren.

4-5 Radieschen hobeln,
120 g Zucchini in Scheiben von ½ cm Dicke schneiden und
   dann in Stifte teilen,
2 reife Birnen (insges. 250 g) vierteln, Kerngehäuse entfernen,
   dann würfeln (größer als die Zucchinis), (nicht
   schälen). Alles fortlaufend in die Soße geben.

50 g Schafskäse in Würfel von 1 cm schneiden,
½ Bd. Schnittlauch in Röllchen schneiden,
2 Stgl. frisches Basilikum: Blättchen abzupfen und nur grob
   schneiden, die letzten drei Zutaten locker
   unterheben. Auf
4-5 Radicchioblättern oder anderen Salatblättern anrichten.

Var.: - Zusätzlich oder statt des Schafskäses 1-2 Stangen vom Staudensellerie in dünne Scheiben geschnitten dazugeben.

- Eine Zusammenstellung aus Zucchini, Birnen und Rucola mit der Soße mischen und gehackte Nüsse drüberstreuen.

- Im übrigen kann man sie gewürfelt oder gehobelt jedem Salat beimischen.

- schnell -

Zucchini-Pilz-Pfanne

300 g Zucchini würfeln, weniger als 1 cm dick. Beiseite stellen.
200 g Zwiebeln in Halbmonde schneiden und in einer großen Pfanne mit
1 EL Olivenöl sanft anschmoren.
300-400 g Champignons in Scheiben schneiden. Mehr Feuer geben. Die Zwiebeln an den Rand schieben.
1 EL Kokosfett auf den Pfannenboden geben, die Pilze hineingeben und wenige Minuten unter Wenden schmoren, bis sie Wasser abgeben. Dann an den Rand schieben und die Zucchiniwürfel auf dem Pfannenboden verteilen.
1-2 Pr. Salz und etwas Pfeffer drüberstreuen und nun bei kleiner Hitze zugedeckt 3-5 Minuten schmoren lassen.
1 EL Kartoffelstärke drüberstäuben und verrühren.
1-2 TL Steinpilzhefebrühpaste unterrühren und nach Belieben
4 EL Sahne zugeben.

Paßt gut zu Naturreis und Getreidegerichten, z. B. Haferbeilage (S. 197).

Var.: *Man kann am Schluß 1-2 Zehen Knoblauch, gequetscht, unterrühren.*
 - Ist auch als leckere Füllung für Wirsingkohl zu verwenden. Dann ca. 100 g klein geschnittenen Wirsingkohl mit einrollen, s. S. 102/103.
 - Man kann auch die Buchweizenpfannkuchen von S. 195 damit füllen und alle zusammen mit etwas Käse darüber in einer Auflaufform überbacken.

- schnell und einfach -

Coburger Knoblauch-Zucchini-Würfel

> **3 mittl. Zucchini** (knapp 1 kg) in 1 cm große Würfel schneiden.
> **1-2 Zwiebeln** (ca. 100 g) würfeln, und diese in
> **1 EL Butter** und
> **2 EL Wasser** anschmoren. Dann zur Seite schieben, die Zucchiniwürfeln zugeben und unter Wenden schmoren. Die Pfanne soll zu diesem Zeitpunkt recht heiß sein.
> Danach die Hitze fast ganz wegnehmen.
> **½ Gemüsebrühwürfel**, zerbröselt, oder gekörnte Brühe und
> **1 TL Kartoffelmehl** unterrühren. Alles mischen. Deckel auflegen. Sanft weiterdünsten, bis die Würfel fast alle glasig sind. Das dauert knapp 10 Minuten. Gelegentlich wenden. Inzwischen
> **2-3 Zehen Knoblauch** zerdrücken, mit Salz bestreuen und so lange stehen lassen, bis man sie am Schluß gleichmäßig in der Gemüsepfanne verrührt

- *Zu solch einer mageren Speise mundet besonders gut der Kartoffelauflauf v. S. 133, dann ohne Knoblauch zubereiten.*
- *Oder man bereitet kleine Weizen-Käse-Klößchen v. S. 191 vor oder kleine Grünkern-Mettbällchen v. S. 193 und gart sie gleichzeitig auf den Zucchiniwürfeln.*
- *Man kann auch Super-Bratlinge (S. 192) dazu essen oder einfach Naturreis (S. 200).*
- *Im übrigen kann man diese schnelle Pfanne überall da einsetzen, wo man gebratene Zwiebeln verwenden würde.*
- *Der würzige Knoblauch und die saftigen Zucchini passen zu Blumenkohl, Möhren, Sellerie, Pürees und auch als Füllung für Pilze, Paprikas, Gurken und Pfannkuchen.*

- aufwendig -

Zucchini-Schiffchen - rotgelb beladen

2 Zucchini (500-700 g) längs halbieren und aushöhlen. Für die Ladung oder Füllung: **150 g Rote Bete** ungeschält in kleine Würfel von ½ cm Dicke schneiden, in   **1 EL Olivenöl** heiß anschmoren.   **1 Pr. Salz** draufgeben, 2 Minuten weiterschmoren, gelegentlich wenden, mit   **2 EL Wasser** ablöschen, Deckel auflegen, 3-5 Minuten durchdämpfen lassen.   **1 Zwiebel (50-100 g)** in Halbmonde schneiden, neben die Rote Bete auf den Pfannenboden geben, kurz schmoren.   **200 g Hokkaidokürbis** ungeschält in 1 cm große Würfel schneiden, neben Zwiebeln und Roter Bete in die Pfanne geben,   **1 Pr. Salz** aufstreuen, unter gelegentlichem Wenden zugedeckt 5 Minuten schmoren lassen. Jetzt noch das Innere der ausgehöhlten Zucchini und   **½ Apfel** in Stifte geschnitten untermischen.   **1-2 TL gem. Fenchel** überstreuen und zugedeckt auf Biß garen, noch 5-10 Minuten. Inzwischen   **300 g Tomaten** in Scheiben schneiden, mit   **1 EL Olivenöl** in eine andere Deckelpfanne oder Schmortopf legen und   **1 EL Kräuter der Provence** aufstreuen.   Die Zucchinihälften mit der Ladung füllen, auf die Tomaten setzen, zudecken und sachte 15 Minuten schmoren lassen. Zum Schluß   **100 g Sahne** angießen und noch 5 Minuten ohne Feuer ziehen lassen.

Dazu paßt schlichter Naturreis (S. 200) am besten.

- braucht etwas Zeit, aber gut machbar -

Zucchini-Schiffchen mit Polenta-Füllung

3-4 Zucchini (600 g) längs halbieren, das kerndurchsetzte Fleisch mit einem scharfen Löffel herausnehmen.
Ausgehöhltes später zu den Tomaten geben.
Nun folgendes als Füllung zusammenrühren:
150 g Quark
5 EL Milch
4 EL Maisgrieß (Polenta),
75 g geriebenen Schweizer Käse,
2 Eigelb von kleinen Eiern, sonst nur eins verwenden,
2 Frühlingszwiebeln, incl. Grünes, in Röllchen geschnitten,
1 ganzes Bund Dill, wenn es nicht zu groß ist, gehackt und
Salz und Pfeffer. Das entsprechende Eiweiß (auch ein zusätzliches Resteiweiß ist vorteilhaft) mit
1 Pr. Salz zu Schnee schlagen und sanft unterheben. Die Masse soll eher dicklich sein, nicht verlaufen.
300 g Tomaten würfeln oder in Scheiben schneiden.
1 EL Olivenöl in einer Pfanne zerlaufen lassen.
Die Tomaten auf dem Boden verteilen.
Salz und Pfeffer drüberstreuen.
Nun die Zucchinischiffchen in die Tomaten drücken und mit der Masse füllen.
Ca. 3 TL Sesam, geröstet und mit Salz gequetscht auf die Füllung streuen (wenn vorhanden) und zudecken.
Den Deckel noch mit einem Tuch abdecken, um mehr Wärme zu halten und 15 Minuten garen.
5 Minuten vor Ende der Garzeit
100 g Sahne gleichmäßig angießen und köcheln lassen.

Dazu eine schnelle Quarksoße (S. 54) servieren.

Möhren

Mohrrüben, gelbe Rüben, Karotten oder in Bremen auch einfach Wurzeln genannt - von Kindesbeinen an begleiten uns diese orangefarbenen, süßen Wurzeln. Es ist das Carotin, das sie so lebhaft gelb bis orange färbt und ihnen ihre heilerischen Qualitäten verleiht. Beta-Carotin gilt als Schutzfaktor gegen Krebs. Mit etwas Fett zubereitet, verwandelt es sich in der Darmschleimhaut in Vit. A, das als wachstumsfördernd, abwehrsteigernd, gut für Haut und Schleimhäute, die Leber, die Schilddrüse, den Sehpurpur (gegen Nachtblindheit) usw. gilt. Aus gekochten oder rohen, aber fein geriebenen Karotten, auch aus Karottensaft können wir das Carotin am besten auswerten.

Es ist ein Segen, daß sich dieses wertvolle Lebensmittel auch noch den ganzen Winter über gut lagern läßt und daß es wohl kaum einen gibt, der es sich je überessen könnte, etwas Abwechslung in den Rezepten vorausgesetzt.

Zu kochende Möhren schäle ich dünn mit einem Sparschäler mit beweglicher Klinge (s. Bild), um u. a. eine leichte Bitterkeit zu entfernen, die bei rohem Verzehr nicht zu spüren ist. Roh verwende ich sie immer ungeschält, aber gut gebürstet mit der unverwüstlichen chinesischen Wurzelbürste.
Mohrrüben aus dem ökologischen Landbau sind besonders süß und wohlschmeckend. Gewaschene Ware ist nicht so haltbar wie ungewaschene.

Möhren - Apfel - Rote Bete - Frischkost
- über Jahre Lieblingsfrischkost unserer Kinder -

400 g Karotten bürsten, fein raffeln,   **40 g Rote Bete** bürsten, fein raffeln,   **2 EL Distelöl,** kaltgepreßt, sofort darübergeben und vermengen.   **2 Äpfel** halbieren, Blüte und Stiel entfernen, mitsamt Kerngehäuse auf der Standreibe grob raffeln oder vierteln und mit der Maschine grob raffeln.   **Saft von ½ Zitrone** sofort über die Äpfel geben und alles gut vermengen.   **3 EL Haselnüsse** grob hacken oder mit der Maschine schnetzeln und untermischen.

Var. - Noch fruchtiger wird sie, wenn Sie zusätzlich 1 vollreife Birne reinschneiden
- *oder im Winter und Frühjahr, wenn die Karotten nicht mehr so saftig sind, 1 Apfelsine würfeln und zugeben.*
- *Portionsweise auf grünen Salatblättern angerichtet mit einigen Sprossen bestreut, ist es ein besonders appetitanregender Anblick.*

Möhren - Orangen - Frischkost
- auch eine Kinderspeise -

1 Möhre (ca. 200 g) fein raffeln mit   **1 EL Distelöl,** kaltgepreßt, mischen   **1 Orange** würfeln, unterheben.   **1-2 EL Rosinen** und etwas   **gem. Kardamon oder Zimt** hinzufügen.

- einfach, aber etwas Handarbeit -

Möhren-Suppe

600 g Möhren dünn schälen und würfeln.
200 g Kartoffeln dünn schalen und grob würfeln.
100 g Lauch in Ringe schneiden. Währenddessen
¾ l Gemüsebrühe heiß werden lassen. Das Gemüse hineingeben und ca. 20 Minuten kochen lassen. In dieser Zeit
50 g Mandelblättchen trocken rösten und
60 ml Sahne fast steif schlagen und mit
1 Pr. Salz und
etwas Madras-Curry würzen. Das gekochte Gemüse mit dem Schneidstab pürieren und nochmals mit ca.
½ l heißer Gemüsebrühe auf die gewünschte Suppenkonsistenz verdünnen und mit
½-1 TL gem. Koriander,
etwas Madras-Curry und
1 Stich Butter abschmecken.
Die Suppe in Tellern mit je einem Madras-Curry-Sahnehäubchen und gerösteten Mandelblättchen servieren.

Var.: - Man kann auch aus den Resten des Möhren-Gemüses oder des Möhren-Currys nebenstehend durch Pürieren und Hinzufügen von Sahne und Gewürzen Suppen zaubern, die als Vorsuppe oder Abendsuppe gern gegessen werden.

- einfach, aber etwas Handarbeit -

Christianes gedünstetes Möhrengemüse

600-750 g Möhren dünn schälen, würfeln oder in Scheiben schneiden. In einem sehr weiten Topf **1/8 l Wasser** mit **1 Gemüsebrühwürfel**, zerbröselt und **2 EL Butter** aufkochen. Die Möhren hineinschütten und wieder zum Kochen bringen. Inzwischen **250 g Blumenkohl** in kleine Röschen teilen, in die Möhren drücken und alles noch ca. 6 Minuten zugedeckt dünsten lassen. **250 g Champignons** in Scheiben schneiden, dazugeben und noch 5 Minuten garen. Mit **1-2 TL Koriander, etwas Muskat 1 EL Butter** und evtl. noch etwas **Salz** abschmecken.

- Dazu passen Pellkartoffeln und eine schnelle Joghurtsoße (S. 128) oder Kräuterschäume (S. 19).
- Pellkartoffeln und Krümelmett (S. 101), geschnetzeltes Rindfleisch, Bockwürstchen usw.
- Käsekartoffelbrei (S. 131) für sich alleine.

Var.: *- Man kann Blumenkohl und /oder Pilze ersetzen durch z. B. 250 g Lauch in Ringen, gewürfelte Zucchini, in Röschen geteilten Brokkoli, in dünne Scheiben geschnittenen Fenchel oder 1-2 Tassen Linsensprossen.*
- Auch die Mengen der jeweiligen Gemüsezugaben wie auch der Möhren selbst lassen sich variieren, so daß immer neue Gerichte entstehen.
- Mit 100 g Schmand und gehackter Petersilie, Kerbel, Korianderkraut usw. verfeinern.
- Krümelmett oder Schinkenwürfel untermischen.

- einfach, aber etwas Handarbeit -

Christianes Möhren Curry

½ **Tasse Rosinen** in
½ **Glas Orangensaft oder Sherry** einweichen
750 g Möhren und
250 g Pastinaken dünn schälen, in Stifte oder Scheiben
    schneiden.
1-2 Zwiebeln (ca. 200g) würfeln und in
2 EL Butterschmalz oder Olivenöl in einem sehr weiten Topf
    anschmoren.
1-2 TL Curry mitschwitzen. Die Möhren mit
3 EL Wasser 3-4 Minuten bei geschlossenem Topf
    vordünsten. Dann die Pastinaken, die Rosinen
    mit dem Saft und
1/8 L heiße Gemüsebrühe zugeben, zum Kochen bringen und
    ca. 12 Minuten dünsten. Währenddessen
50 g Mandelblättchen oder Sonnnblumenkerne trocken
    rösten. Das Gemüse mit
1 Stich Butter
Salz und Pfeffer und evtl. noch etwas
Curry abrunden. Mit den gerösteten Kernen bestreut
    servieren.

Dazu paßt Naturreis (S. 200), Kichererbsen - Dukaten (S. 184), Kartoffelplätzchen (S.192), Porreegemüse mit Krümelmett (S. 101), oder Hokkaidokürbispüree (S. 129).
Die Pastinaken darin überraschen durch eine gewisse Fruchtigkeit.

Var.: Probieren Sie auch mal Sellerie oder Hokkaidokürbis zu den Möhren.

- einfach, aber etwas Handarbeit -

Glasierte Salbei-Möhren mit Erbsen und Zwiebelchen

200 g kl. Zwiebelchen (ca. 12 Stck.) von ca.1,5 cm Dicke oder Schalotten, die noch feiner schmecken mit **kochendem Wasser** überbrühen, etwas stehen lassen und dann pellen (geht prima!).   **600 g Möhren** dünn schälen und würfeln.   In einem weiten Topf   **1 cm Wasser** mit   **1 EL Butterschmalz** zum Kochen bringen, die Zwiebeln reinsetzen und die Karotten drüber häufen.   **1 Pr. Salz**   **1 TL getr. Thymian** und   **2 TL getr. Salbei** oder 2-3 Spitzen frischen Salbei drübergeben. Zugedeckt 15 Minuten sanft dünsten lassen.   **200 g gefrorene Erbsen**, noch 5 Minuten mitgaren lassen.   **2 TL Honig oder Zucker** einrühren und bei etwas mehr Hitze und unter Wenden schmoren lassen, bis alles Wasser abgedampft ist (glasieren).   **1 EL Butter** darin schmelzen lassen und evtl. noch mit **Salz und Pfeffer** abschmecken.

Dazu passen Käse - Kartoffelbrei (S. 131),
Steckrübenpüree (S. 156), Haferbeilage (S. 197), oder
Polenta (S. 169), Grünkern - Mettbüllchen (S. 193),
geschnetzeltes Rindfleisch (S. 203), oder Würstchen.

- Sehr einfach, braucht
aber ein lange Garzeit -

Der Wurzelsepp im Römertopf

Wir sammeln alle kleinen fleischigen Wurzeln und Knollen, packen sie in den Römertopf oder ein anderes Keramikgefäß mit Deckel und ab in den Ofen. Dort verwandeln sie sich in die Essenz ihrer selbst. Karotten und Pastinaken werden kindermäßig gut, was aus der Rübenfamilie stammt, eher rübig. Erleben Sie selbst, was der Wurzelsepp Ihnen zu bieten hat.

1-2 kg Knollengemüse putzen, z. B. viele kleine Karotten, schälen, evtl. längs spalten, damit sie ungefähr nur 1,5 cm dick sind,
viele kleine Pastinaken   - ebenso-
1-2 kl. Rote Bete, ca. 3 cm Durchmesser, ungeschält und ungeteilt
2-3 kleine Fenchel, die äußeren Schuppen evtl. entfernen (anderweitig verwenden). Alles in den gewässerten Römertopf legen- die Roten Bete und Karotten unten - zudecken und bei 200 °C in den kalten Backofen schieben. Nach 1 Stunde noch
einige mittlere Zwiebeln und
einige größere Zehen Knoblauch, gepellt, dazugeben. Noch 15 Minuten garen. Den Gemüsesaft mit
2 EL kalter Butter aufschlagen und mit
Meerrettich   abschmecken.

Dazu paßt der Kartoffelauflauf von S. 133 wunderbar. Er kann in den letzten 45 Minuten im Ofen auf dem oberen Rost mitgegart werden, evtl. abdecken damit er nicht verbrennt.

Var.: -Probieren Sie auch mal etwas Sellerie, Rettich, Teltower Rübchen, Schwarzwurzeln und Rosenkohl.

- braucht etwas Zeit -

Überbackene Möhren mit Haselnuß-Kräuter-Kruste

750 g Möhren dünn schälen und in Scheiben schneiden. **250 g Zwiebeln** grob würfeln und in einem Topf mit **2 EL Butterschmalz** anschmoren. Zur Seite schieben und die Möhrenscheiben zugeben. **1/8 l Gemüsebrühe** erhitzen, damit die Möhren ablöschen, mit **1 TL Koriander** würzen und zugedeckt 12-15 Minuten dünsten lassen. Inzwischen **150 g Haselnüsse** fein reiben, mit **200 g Schmand** **1 EL Sojasoße** und **1 ½ Packg. gefrorenem Basilikum** (oder ½ Bund gehackte frische Blättchen) vermengen. Den Backofen auf 200 Grad Celsius stellen. Die gedünsteten Möhren evtl. noch mit **Salz** abschmecken, samt Kochbrühe in eine ungefettete Auflaufform füllen, die Haselnußpaste gleichmäßig drüberstreichen. **Butterflöckchen** draufsetzen und auf der oberen Schiene überbacken.

Var. - Statt die Möhren mit der Haselnußpaste zu bedecken mit Käse überbacken: 1 knappe Tasse Sonnenblumenkerne in einer trockenen Edelstahlpfanne rösten, 100g Käse auf die Möhren streuen, dann die Sonnenblumenkerne und zum Schluß die Butterflöckchen - auch sehr lecker!
- Einige gescheibelte Pastinaken 5 Minuten nach den Möhren in den Topf geben, alles wenden. Dann als Garflüssigkeit Weißwein oder Apfelsaft zugeben, um die Fruchtigkeit der Pastinaken zu heben.

Grüne Bohnen und frische Bohnenkerne

1. Grüne Bohnen

Ein herrliches Sommergemüse, das zum Glück lange frisch zu haben ist! Sie gehören als Busch- und Strauchbohnen zu den Hülsenfrüchten. Hier ist die Samenschale der begehrte, wohlschmeckende Teil. Sie sind einfach und schlicht zuzubereiten, besonders wenn sie jung sind, siehe Seite 76. Ausgewachsenere grüne Bohnen und dickere Sorten eignen sich als Brechbohnen gut für Eintöpfe. Die flachen Stangenbohnen braucht man nur mit etwas Wasser und Fett zu dünsten.

Bohnen dürfen - wie alle Hülsenfrüchte - nicht roh verzehrt werden, da sie das leicht giftige Phasin enthalten, das aber durch Kochen zerstört wird.

- einfach -

Birnen, Bohnen und Speck

100 g gestreiften Speck (reicht durchaus, darf aber auch mehr sein) in **gut ½ l Wasser** zum Kochen bringen, ca. 30 Minuten garen. Währenddessen **750 g grüne Bohnen**, die diesmal etwas dicker sein dürfen, gut waschen, abfädeln und in etwa 3 cm lange Stücke brechen. Zum Speck geben. **3 Stgl. Bohnenkraut** drauflegen und ca. 5 Minuten garen lassen. Derweil bei **4-6 kleinen Augustbirnen*** die Blüte ausstechen (Stiel und Schale dranlassen), mit dem Stiel nach oben zwischen die Bohnen stecken und noch 20 Minuten garen, bis die Birnen weich sind. Den Speck würfeln und drüberstreuen.

Dazu schlicht und einfach Pellkartoffeln.

Var.: - Man kann den Speck auch würfeln und im Topf anbraten. Dann das Wasser angießen, zum Kochen bringen und die Bohnen zugeben. Alles weitere wie oben beschrieben.

* Die kleinen sogenannten Kochbirnen, die oft namenlosen und wenig geachteten, da sie nicht zum Tafelobst gehören, entwickeln in diesem Gericht einen ganz besonderen Wohlgeschmack. Es gibt sie meist nur kurze Zeit im August-September.

- sehr einfach -

Grüne Bohnen kochen - wie ich es in Frankreich gelernt habe

> **2 l Salzwasser** (**2 TL Salz**) mit 4 Bohnenkrautstengeln (oder getrocknet) zum Kochen bringen.
> Währenddessen
> **750 g grüne Bohnen** gut waschen (sie können erstaunlich staubig sein!) abfädeln, aber nicht brechen.
> Wenn das Wasser sprudelnd kocht, die Bohnen nach und nach hineingeben und schließlich bei halbgeöffnetem Deckel ca. 10 Minuten deutlich kochen lassen. So bleiben sie schön grün. Dann probieren. Sie dürfen auf keinen Fall schlapp vom Löffel hängen.
> Die Bohnen (ohne Würzkraut) mit der Schaumkelle herausnehmen, etwas geordnet in eine Schüssel oder Platte legen und sofort servieren.

Butter oder Kräuterbutter (S. 18) dazu reichen.

Dazu passen geschnetzeltes Rindfleisch (s. S. 203) oder Grünkern-Mettbällchen (S. 193), Kartoffelplätzchen (S. 132), Käsekartoffelbrei (S. 131) oder der Kartoffelauflauf aus dem Ofen (S. 133).

Var.:- Man zerläßt etwas Butter in einer Pfanne fügt 1 gequetschte Zehe Knoblauch und gehackte Kräuter hinzu und wälzt die abge-tropften Bohnen kurz darin. Das ist auch eine gute Methode, wenn man sie noch einen Moment warm halten möchte.
- Eventuelle Reste noch warm zu Salat verarbeiten.

Bohnensalat - einfach und gut

Ca. 400 g grüne Bohnen kochen, wie nebenstehend beschrieben. Etwas abkühlen lassen, aber noch warm in Stücke schneiden und mit folgender Soße mischen:
2 EL Balsamessig
1 TL Senf
je 1 Pr. Salz und Pfeffer
3 EL kaltgepreßtes Öl
1 kl. Zwiebel, fein würfeln
Kann gut einen halben Tag durchziehen.

Var.: - Fügen Sie noch eine Handvoll geschnittener Champignons, geviertelte Tomaten und/ oder grob gehacktes Basilikum hinzu.

Bohnen-Chinakohl-Salat

300 g grüne Bohnen wie oben beschrieben zubereiten. Dann mit folgender Soße mischen:
200 g Dickmilch
3 EL Sojasoße
1 mttl. Zwiebel (ca. 50 g) fein gehackt
½ Zehe Knoblauch mit etwas Salz gequetscht und
1 Pr. Pfeffer. Anschließend
300-400 g Chinakohl in feine Streifen schneiden, mit den Bohnen vermengen.
2 EL Sonnenblumenkerne, geröstet, drüberstreuen.

Var.: - Statt frischer Bohnen nehmen Sie gefrorene Brechbohnen. Sie werden angetaut, in 1 l Salzwasser mit 1 EL Bohnenkraut 5 Minuten gekocht und wandern dann abgetropft und leicht abgekühlt in die Soße.

2. Frische Bohnenkerne

Wenn Busch- oder Stangenbohnen reifen, werden die Hülsen strohig und ungenießbar und die heranwachsenden Bohnenkerne zum erwünschten, verzehrbaren Teil. Will man sie frisch und ungetrocknet verwenden, muß man sie auspalen, daher der Name Palbohnen. Sie sind sehr beliebt, aber teuer und blähen nicht wie getrocknete Bohnen. Auch dicke Bohnen (große Bohnen oder Puffbohnen) müssen ausgepalt werden. Sie stecken in großen grünen Hülsen, die innen weiß und pelzig sind. Sau- und Pferdebohnen sind kleiner und werden in der Regel als Viehfutter verwendet.

Dicke Bohnen mit Speck und kleinen Zwiebeln

1 kg dicke Bohnen auspulen (ergibt gut 300 g Bohnenkerne).
15 sehr kleine Zwiebeln von ca. 2 cm Dicke mit kochendem Wasser überbrühen, einige Minuten stehen lassen und pellen. Geht wunderbar.
100 g gestreiften Speck würfeln, in einem Topf ca. 5 Minuten auslassen. Die Zwiebelchen in gänze zugeben und soviel
Wasser zugeben, daß der Boden 1 cm hoch bedeckt ist. 15 Minuten zugedeckt kochen lassen. Währenddessen die dicken Bohnen knapp mit
Wasser bedeckt in einem anderen Topf ohne Deckel 10 Minuten garen lassen, dann
50 g Sahne zugießen und noch 5 Minuten offen kochenlassen. Danach Bohnen, Zwiebeln und Speck miteinander vereinen und noch etwas ziehen lassen.

Dazu paßt länger gekochter und gut ausgequollener Naturreis. Wenn das Reiskorn etwas aufgebrochen ist, ist es in der Lage, sich gut mit der herzhaften Soße zu vermengen. Bohnen und Reis passen in ihren Eiweißbausteinen gut zusammen.

- braucht Zeit -

Palbohneneintopf nach Marktfrauenart

1 Scheibe Beinfleisch (Rind, ca. 400 g) in
1 l kochendes Wasser geben.
1 Bd. Suppengrün,
1 Stg. Porree,
½ TL Salz,
5 Pfefferkörner und
2 Pimentkörner hinzufügen. Das Fleisch darin in ca. 45 Minuten garen (eventuell Dampftopf einsetzen), herausnehmen und in die Brühe
500 g Palbohnen geben, wieder zum Kochen bringen. Inzwischen
300 g gelbe Möhren (das sind helle Karotten, die weniger süß schmecken und meistens im Herbst auf den Markt kommen) dünn schälen und würfeln.
300 g Kartoffeln schälen und grob würfeln. Beides zu den Bohnen geben.
1 Bd. Thymian obendrauf legen und in ca. 40 Minuten gar kochen (auch eventuell im Dampftopf). Das Fleisch würfeln, in den Eintopf geben und erwärmen. Das Kraut entfernen. Mit **Salz und Pfeffer** abschmecken.

Fenchel

Es gibt den Gewürzfenchel, dessen Samen als Gewürz oder für die Teebereitung dienen und den Gemüse- oder Speisefenchel, dessen Knollen roh oder gekocht immer beliebter bei uns werden. Da er frostempfindlich ist - er stammt aus dem Mittelmeerraum - ist er bei uns erst ab Juli/August zu haben.

Marlies Fenchelsalat mit Erdbeeren

4 EL saurer Sahne
2 EL Joghurt
1 TL Honig
1 Pr. Salz und
1 Msp. gemahl. Fenchelsamen zu einer Soße verrühren.
1 Fenchelknolle in sehr dünne Scheiben geschnitten, wie nebenstehend beschrieben sofort in die Soße geben.
300 g Erdbeeren, halbiert, draufsetzen. Mit **Fenchelkraut** oder **Zitronenmelisseblättchen** dekorieren.

Elkes Fenchelsalat

Soße zusammenrühren aus:
1 EL Zitrone
½ TL Honig
1 Pr. Salz
150 g Joghurt
5 EL Sahne   und
1 EL kaltgepreßtes Sonnenblumenöl

Folgende Zutaten sofort in die Soße geben:
1 mtl. Fenchelknolle von oben zur Wurzel halbiert und quer zur Faser in feinste Scheiben geschnitten,
1 gr. roten Apfel mit Schale, aber ohne Kernhaus im Viertelscheiben geschnitten und
1 Apfelsine   gestiftelt.

1 Handvoll grob gehackte Nüsse drüberstreuen und mit dem Fenchelgrün verzieren.

Var.: -Zur gleichen Soße kann man den Salat auch griechisch mit Oliven und Schafskäse anrichten.

*Diese Soßen sind besonders **zum Dippen** von rohem Fenchel geeignet:*
Nuß-Sherry-Soße, S. 82
Kräuter-Sahne-Schaum, S. 19.
Grüner Spinat-Dip, S. 45
gerösteter Sesam, S. 88
Quark-Nußmus-Dip, S. 141.

- einfach -

Nuß-Sherry-Soße zum Dippen

Es lohnt sich auf alle Fälle, in ein Glas Haselnußmus zu investieren, wenn solche Köstlichkeiten dabei herauskommen!

> Folgende Zutaten einfach mit dem Pürierstab in einem hohen Rührbecher mixen:
> **2 EL Haselnußmus**
> **1 EL Zitronensaft**
> **1 TL Senf**
> **1 kl. Glas Tomatenmark (70 g)**
> **¼ TL Salz**
> **3 EL Sherry, trocken.** Zum Schluß
> **150 g saure Sahne** untermixen oder halbgeschlagene Sahne unterheben,
> **evtl. 1-2 EL Wasser**, um die Soße nach Bedarf flüssiger zu machen.

Var.: - *Wer auf den Sherry verzichten möchte, wenngleich er der wahre Geschmacksgeber ist, püriert er 2 EL Mangochutney mit.*
Als Sommerdip kann man statt des Sherrys 8 frische Blättchen Basilikum mitpürieren.

Als Knabbergemüse hier einig Vorschläge:
Von **1 Knolle Fenchel** das Grün und die Röhren abschneiden. Die Röhren der Länge nach spalten. Das Grün zum Dekorieren verwenden und die Knolle von oben zur Wurzel halbieren, auf die Schnittfläche legen und längs zur Faser in sehr dünne Scheiben schneiden.
2 Selleriestangen in 5 cm lange Stücke schneiden.
Einige Blumenkohlröschen und einige Brokkoliröschen mit möglichst langen Stielen zurecht schneiden.
Alles dekorativ anrichten und die Nuß-Sherry-Soße als Dip dazu reichen.

- einfach -

Fenchel-Herzen

Das Innere vom Fenchel ist - roh wie gekocht - am feinsten. Wenn man es für sich genießen will, muß man ungefähr vier der äußeren Schalen von den zarten Herzen trennen. Quer zur Faser in dünne Streifen geschnitten, kann man die Schalen gut für den Safran-Fenchel verwenden oder man muß sie für dieses Gericht etwas vorgaren. Sie passen aber auch in jeden rohen Salat ebenso wie die grünen, in feine Ringe geschnittenen Röhren. Im rohem Zustand tritt die Faserstruktur eben nicht so hervor. Die Herzen von oben nach unten so halbieren, daß möglichst flache Hälften entstehen. Das Fenchelgrün für die Dekoration aufheben.

600 g Fenchelknollen wie oben beschrieben herrichten.
1 EL Butterschmalz in einem weiten Topf schmelzen lassen.
　　　　　　Eventuell vorhandene Fenchelstreifen mit
1 Pr. Salz　ca. 6 Minuten vorgaren.
　　　　　　Die Fenchelhälften mit der Schnittfläche nach unten in den Topf legen, Streifen dazwischen verteilen
einige Tropfen Zitrone drauftraüfeln und zugedeckt 10-15 Minuten sachte schmoren lassen.
½ Bd. Petersilie zusammen mit dem Fenchelgrün hacken.
　　　　　　Am Ende der Garzeit
1 EL Butter　oder
50 g verquirlte saure Sahne,
1 Pr. Salz　und die Kräuter zugeben und noch einen Moment ziehen lassen.

Dazu passen Rührei oder Fisch und Pellkartoffeln oder Kartoffelplätzchen (S. 132) am besten.

- braucht etwas Zeit -

Fenchel-Tomaten-Pfanne

600 g Fenchel	vom Grün und Röhren befreien. (Grün am Schluß zum Dekorieren, die Röhren, fein geschnittenen, für die nächste Frischkost verwenden.) In knapp
1 l Salzwasser	(1/2 TL Salz) als ganze Knollen 15 Minuten garen. Sie sollen noch nicht weich sein. Danach von oben nach unten in flache Hälften schneiden. Inzwischen
2 Zwiebeln (ca. 250 g)	in Halbmonde schneiden. In
1 EL Olivenöl	anschmoren. Die Fenchelhälften mit der Rundung nach unten in die Zwiebeln drücken.
400 g Tomaten	in Scheiben schneiden, auf die Schnittfläche des Fenchels legen.
2-3 TL getr. oder Thymian, und	
etwas Salz und Pfeffer	draufstreuen und zugedeckt 15 Minuten schmoren lassen. Zum Schluß
60 g Käse	reiben, auf den Tomaten verteilen und noch ca.5 Minuten unter dem Deckel schmelzen lassen.

Dazu passen Super-Bratlinge (S. 192), Naturreis (S. 200), Haferbeilage (S. 197), oder Käse-Kartoffelbrei (S. 131).

Var.: -Kleine Mettbällchen (S. 89) oder Krümelmett (S. 101) vorbereiten und auf den Tomatenscheiben mitgaren. Den Käse dann eventuell weglassen.

Hinweis: Fenchel gehört zu den Nitratsammlern, daher ist das Vorkochen in Wasser, wobei einiges an Nitrat ausgeschwemmt wird, angemessen.

- braucht etwas Zeit -
Safran-Fenchel
als exquisites Gemüsebett für Fisch
- Fisch und Fenchel passen immer gut zusammen -

Ca. 800 g Kochfisch im ganzen oder in Portionen geschnitten waschen und für ca. 20 Minuten mit etwas **Essig** beträufelt säuern. Währenddessen	
2 Zwiebeln (ca. 150 g) in Halbmonde schneiden.	
1 Stg. Porree (ca. 150 g) in feine Ringe schneiden. Beides in **2 EL Olivenöl** in einem weiten Topf anschmoren.	
2 Fenchelknollen (ca. 350 g) ohne die Röhren halbiert quer zur Faser in Streifen schneiden. Das Grün für die Dekoration aufheben. Den Fenchel zu den Zwiebeln geben.	
3-4 Tomaten (ca. 300 g) in Würfel schneiden, zugeben. Soviel Wasser angießen, daß es halb so hoch wie das Gemüse steht. Dann fügen wir noch **1-2 Msp. Safran** **1 TL Fenchelsamen,** **Pfeffer und Salz** hinzu, und lassen zugedeckt ca. 15 Minuten sanft kochen. Danach **3 EL Sahne** zugeben. Den gesäuerten Kochfisch rundherum mit **etwas Salz** bestreuen, auf das Gemüsebett legen und zugedeckt 10-15 Minuten sanft garen, bis sich die Mittelgräte löst.	

Dazu passen Naturreis (S. 200) oder Pellkartoffeln.

Var.:- Auch ohne Fisch schmeckt das Gemüse hervorragend. Zur Anreicherung passen noch 200 g gewürfelte Zucchini dazu, die gleich nach dem Fenchel in den Topf kommen sollten. Die Sahne dann gleich von Anfang an mitkochen, und das Gemüse nur insgesamt 20 Minuten garen lassen.

Kohl

Die Kohlfamilie überspannt mit ihren unglaublich vielen Verwandten von Blatt- über Blüten- zum Stengelkohl alle vier Jahreszeiten. Da ist für jeden etwas dabei: zuerst der zarte Kohlrabi im Frühling, dann feiner Brokkoli, Blumenkohl und Spitzkohl im Sommer, bis die Familie schließlich in Massen und dauerhaft präsent ist mit Weiß-, Rot- und Wirsingkohl und im Winter zusätzlich mit Rosen- und Grünkohl.
Nicht nur wegen dieser Vielfalt ist Kohl eine wichtige Nahrungspflanze, sondern auch wegen seines enormen Reichtums an Vitaminen, Mineral-, Ballast- und sekundären Pflanzenstoffen. Zu den letzteren gehören u. a. schwefelhaltige Substanzen, die den typischen Kohlgeschmack bewirken, besonders wenn er gekocht wird, die aber entscheidende Stoffe für unsere Immunabwehr enthalten. In früheren Zeiten legte man angequetschte Kohlblätter auf Wunden, um die Heilung zu befördern. Roher Kohlsaft wird auch heute zu Heilzwecken getrunken. Also Kohl viel roh essen - und natürlich auch das darmpflegende Sauerkraut (siehe dort)!
Gegen die befürchteten Blähungen bei festeren Sorten hilft bekanntlich Kümmel, aber auch Bohnenkraut, Dill und Muskat sind hilfreich und passen gut zu Kohlgerichten. Man sollte ihn auch nie zu lange kochen, da er dann erst richtig "kohlig" wird. Eine Ausnahme macht da vielleicht der Grünkohl.

Chinakohl-Salat mit Sojasoße und Knofi

Er ist der Blattkohl, der am wenigsten nach Kohl schmeckt; er ist zart und vielseitig verwertbar. In Korea wird er als Grundnahrungsmittel milchsauer und scharf eingelegt morgens, mittags und abends zu Reis gegessen. Wir verarbeiten ihn hier zu einem Salat mit asiatischem Touch.

---
1 EL Balsamessig
1 EL Sojasoße
½ **Zehe Knoblauch** mit etwas Salz gequetscht und
2 EL Sesam- oder Olivenöl zusammenrühren.
4-5 Blätter Chinakohl (ca. **300 g**) in feine Streifen schneiden
  und mit der Soße vermengen.
2 EL gerösteten Sesam mit
1 Pr. Salz leicht gequetscht drüberstreuen.

Var.:-1 Handvoll gekeimter Mungo- oder andere Sprossen dazugeben. Auch Zucchini oder Champignons passen gut dazu.

Kennen Sie schon
Pak-Choi?

Er ist ein ganz wunderbares, saftiges, knackiges Gemüse, dem Chinakohl eng verwandt, bildet aber keine Köpfe aus, sondern ist eher wie Mangold aufgebaut, wird daher auch oft mit ihm verwechselt - leider. Pak-Choi ist so frisch und zart im Geschmack, daß man besonders seine saftigen Stiele mit oder ohne Dip so wegknabbern kann. Dipvorschläge s. S. 81. Er kommt im Frühsommer bei uns auf den Markt.

Kohlrabi

Es gibt ihn in weiß und lila, ohne daß ein sonstiger Unterschied erkennbar wäre. Man sollte ihn nicht lange lagern, da er nachträglich noch verholzen kann. Eine Ausnahme bildet der Schmelzkohlrabi, der fast so groß wie ein Weißkohlkopf werden kann, aber trotz der Größe seinem Namen alle Ehre macht. Junger, roher Kohlrabi ist besonders im Frühjahr eine Delikatesse, die nicht nur Kinder gerne mögen.

Roher Kohlrabi mit geröstetem Sesam

Eine Edelstahlpfanne 1-2 Minuten lang trocken heiß werden lassen. Nicht jedoch zu heiß, sonst springen die Samen gleich aus der Pfanne. **Ca. 3 EL Sesam** (im Naturkosthandel gibt es auch ungeschälten) hineingeben, daß der Boden gerade bedeckt ist, unter Wenden rösten, bis er etwas dunkler geworden ist. (Nie zu stark rösten.) Zum Abkühlen sofort auf einen Teller schütten.
Der Vorgang kann auf ausgeschalteter E-Platte noch ein- bis zweimal wiederholt werden. Hält sich im Schraubglas lange frisch.
1-2 EL gerösteten Sesam quetschen wir nun zusammen mit **1-2 Pr. Salz,** indem wir auf dem Holzbrett mit dem Nudelholz drüberrollen. So zubereitet ist es ein klassisches Würzmittel der ostasiatischen Küche (auf japanisch Gomasio). Auch das hält sich im Schraubglas länger frisch.
1 Kohlrabi in halbe Scheiben oder Stifte schneiden und in das Gomasio dippen - sehr lecker !

Sesam ist enorm calciumreich.

- einfach -

Kohlrabitopf mit Mettbällchen

100 g Rinderhack oder halb und halb, **1 EL Sojasoße** **1 Eigelb** **2 El Semmelmehl** und **Pfeffer** vermischen und kleine Bällchen formen. **800 g Kohlrabi** (je nach Größe 3-5 Stück) oder Schmelzkohlrabi schälen, in Stifte schneiden. Die zarten Blättchen später gehackt mitservieren. **¼ l Gemüsebrühe** mit **1 EL Butter** erhitzen. Die Stifte hinein-geben und die Mettbällchen obenauf verteilen. **1 Bd. Kräuter**, z. B. Petersilie, Dill, Minze und/oder Estragon im ganzen obenauf legen. In ca. 10 Minuten zugedeckt garen. Auf keinen Fall zu weich werden lassen. Die ausgekochten Kräuter wegwerfen. Inzwischen **4 Stgl. Dill** hacken. Die Kochbrühe in einen Stieltopf abgießen. **1 EL feines Naturreismehl** (oder Hirsemehl) mit dem Schneebesen einschlagen, den Dill hinzufügen, 1 Minute kochen lassen. Mit **1 Stich Butter** und evtl. etwas Salz abschmecken und als Soße zum Kohlrabitopf servieren.

Dazu Pellkartoffeln oder Steckrübenpüree (S. 156).

Var.:-Die Hälfte des Kohlrabis durch Karotten ersetzen, diese zuunterst in den Topf geben und 2 Minuten vorgaren. 5 Minuten vor Garende 1 Tasse gefrorene Erbsen zufügen.
Tip: Den Kohlrabitopf nie vor sich hin wärmen lassen, dann geht sein schönes Aroma verloren.

Spitzkohl-Frischkost

Im Frühsommer fängt der Segen der Kohlköpfe mit dem Spitzkohl an. Er ist zart und leicht im Geschmack, wird auch Butterkohl genannt. Er ist ohne Mühe zuzubereiten.

---

1 EL Zitrone oder 2 EL Balsamessig
1 Msp. Honig
1 EL Sojasoße
2 TL Senf
1 kl. Zwiebel, sehr fein gewürfelt, und
2 EL Olivenöl zu einer Soße verrühren.
  Diese Salatzutaten sofort in die Soße geben:
200 g Spitzkohl (ohne Strunk) in feine Streifen geschnitten
  oder gehobelt
150 g Zucchini fein gewürfelt.
3 Stgl. Petersilie grob hacken und mit
2 EL Kürbiskernen bestreuen.

Var.:-Geht auch mit Chinakohl oder leicht gestampftem
  Weißkohl und zusätzlich mit roter gewürfelter Paprika
  und blättrig geschnittenen Pilzen.
 -Auch klein zerteilter Blumenkohl mit Zucchiniwürfeln
  und Pilzen paßt gut in diese Soße.

- einfach -

Spitzkohltopf

> Ca. 800 g Spitzkohl (netto) vierteln, den Strunk rausschneiden. Die Viertel einmal längs und dann quer in 1-2 cm breite Streifen schneiden.
> 150 g Zwiebeln oder Porree oder das Grün von Frühlingszwiebeln in Halbmonde bzw. Röllchen schneiden und in einem großen Topf in
> 2 EL Butterschmalz oder Olivenöl glasig schmoren. Den geschnittenen Kohl hinzufügen ebenso
> 1 TL gemahl. Koriander
> 1-2 TL ganzen Kümmel und
> ½ Tasse Wasser angießen. Ca. 15 Minuten bei sanfter Hitze zugedeckt garen. Zwischendurch einmal wenden. Nach Belieben
> 2 TL milden Blauschimmelkäse darin schmelzen lassen und mit
> Salz und Pfeffer abschmecken.

Dazu Pellkartoffeln, kleine sautierte Frühlingskartöffelchen (Minibratkartoffeln, S. 132), Steckrübenpüree (S. 156) oder Hokkaikokürbispüree (S. 129).

Var.:- Zusätzlich 200 g Zucchini, klein gewürfelt, zu den Zwiebeln in den Topf geben, ehe der Kohl dazukommt.
- Das gleiche Rezept geht auch mit Wirsing, Weißkohl und Chinakohl.
- Man kann 150 g Rinderhack wie auf S. 101 beschrieben anmachen und auf dem Kohl garen.

Brokkoli

Man nennt ihn auch Spargelkohl, er ist aber ein Verwandter des Blumenkohls. Er zählt wie dieser zu den feinen Gemüsen. Vom Brokkoli ist alles zu verwenden. Die Blütenknospen sind am zartesten, die Stiele sind innen immer weich, und die Blätter sind sogar reicher an Mineralien und Vitaminen, also immer mit verwenden. Man muß ihn kühl lagern und vor Austrocknung schützen.
Da Brokkoli etwas herber schmeckt, ist er geradezu das klassische Anwendungsgebiet für leckere Soßen, die in diesem Abschnitt folgen.

Herrichten und blanchieren

Von ca. 700 g Brokkoli die eventuell holzigen Stielenden mit dem breiten Spargelschäler schälen (ist meist bei den dicken Exemplaren nötig).
Nun entweder die langen Stielenden scheibenweise kürzen bis zu den Verzweigungen und die Röschen grob trennen, oder die Stiele nicht einkürzen, die Röschen voneinander trennen, dabei die Stiele bis nach unten spalten.
Blanchiert ist Brokkoli besonders vielseitig zu verwenden.
1,5 l Salzwasser (1 TL Salz) zum Kochen bringen. Erst die eine Hälfte des nicht zu klein geteilten Brokkolis 3 Minuten sprudelnd darin kochen lassen. Mit der Schaumkelle herausnehmen, abtropfen lassen und warm stellen. Dann die andere Hälfte blanchieren. Am besten sofort mit einer vorbereiteten Soße servieren.
Für Salate nur 2 Minuten blanchieren. - Es sei denn, man zieht es vor, den Brokkoli dafür roh zu belassen, wobei besonders die - geschälten - Stiele sehr lecker sind und kohlrabiartig schmecken.
Selbstverständlich kann Brokkoli auch in wenig Wasser oder Brühe gedünstet werden.

Salate aus 1.blanchiertem Brokkoli und
2.rohem Brokkoli

1.blanchiert

400 g Brokkoli putzen, herrichten und nur 2 ! Minuten blanchieren, wie auf der vorigen Seite beschrieben. Kalt abbrausen und in mundgerechte Röschen teilen.
2 EL Zitronensaft
1 TL Honig
2 EL Sojasoße
1-2 TL Senf
4 El kaltgeschl. Öl und
1 kl. Zwiebel fein gewürfelt, zu einer Soße verrühren. Den Brokkoli darin marinieren. Etwas durchziehen lassen und zum Schluß
2 EL geröstete Sonnenblumenkerne oder Mandelstückchen drüberstreuen. Das ist für sich schon gut und ausreichend. Wer noch mehr des Guten tun will, kann noch
2 Tomaten geviertelt und / oder
100 g Emmentaler gewürfelt unterheben.

2. roh

300 g Brokkoli putzen und herrichten s.o. Die Stielenden eignen sich besonders gut dazu. Sie schmecken knackig-frisch. Alles Holzige abschälen, das Innere würfeln. Die Röschen in mundgerechte Stücke teilen. Alles in der obigen Soße marinieren oder einfach jedem anderen Salat beimengen.

Var.: Sprossen aller Art beimischen.

- einfach - braucht aber etwas Zeit -

Soßen zum Brokkoli:

1. Weißweinsoße - große Klasse

Heben Sie sich den Rest einer Flasche trockenen Weißwein für Ihre Soße auf! Sonst geht auch sehr trockener Sherry, der allerdings mehr Süße in die Soße bringt oder Cognac, wodurch die Soße herber und kerniger wird. Auf alle Fälle wird es keine Durchschnittssoße und ist dennoch einfach zu machen.

1 Zwiebel (ca. 80 g) fein würfeln. In
1 EL Butter glasig schmoren, mit
200 ml trockenem Weißwein (ca. 1 Tasse) ablöschen. Im offenen Topf ca. 5 Minuten unter gelegentlichem Rühren stark kochen lassen. Wenn der Wein abgedampft ist,
200 ml Sahne angießen. Wieder wie eben reduzierend kochen lassen, ca. 10 Minuten, bis es ungefähr um ein Drittel eingekocht ist. Rühren nicht vergessen.
20 g kalte Butter in Stücke schneiden, mit dem Pürierstab einmixen. Dabei die Zwiebeln restlos pürieren. Abschmecken mit
1 TL Sojasoße
1-2 TL Zitronensaft und
Salz und Pfeffer.

Durch Stehen wird sie fest, läßt sich am nächsten Tag aber problemlos sanft erwärmen.

Var.:- Zur Verlängerung: Wenn die Sahne angedickt hat, 1 Tasse Gemüsebrühe oder Wasser mit 1 TL Reismehl angießen, wieder zum Kochen bringen und dann die kalte Butter einschlagen.
  - *Andere Geschmacksrichtungen erzielt man durch Senf, Meerrettich, Tomatenmark, Knoblauch oder Kräuter.*

2. Mandelsoße - einfach -

80 g Mandeln	sehr fein mahlen. Eine weite Pfanne trocken anheizen. Die Mandeln hineingeben und mit einem Spatel ständig hin-und herbewegen, bis sie stark duften und leicht gebräunt sind. -Bei sehr heißer Pfanne geht das sehr schnell, oft zu schnell -und sie sind verbrannt! Auf einen Teller schütten.
1/8 l Milch	und
1/8 l Wasser	zusammen zum Kochen bringen.
2 EL Naturreismehl, fein gemahlen, mit dem Schneebesen einschlagen, 2 Minuten kochen lassen.	
¼ Gemüsebrühwürfel oder	
1/4 TL Salz hinzufügen.	
1 EL Butter	und die gerösteten Mandeln einrühren. Mit ca.
1 TL Zitronensaft,	
Salz und Pfeffer abschmecken.	

Fein gemahlener Naturreis eignet sich im Vergleich zu Weizen besser zum Andicken von Soßen und Desserts, da er beim Mahlvorgang homogener zerkleinert wird und ein samtenes Mundgefühl hinterläßt. Gleiches gilt auch für Hirse.

3. Käsesoße - einfach -

	Rezept wie Mandelsoße. Aber statt der Mandeln
50 g Gouda	raffeln und in der Soße schmelzen lassen.

4. Siehe auch Hirsesoße, die sanfte, helle .... (S. 164)

***Noch ein Wort zu den cremigen Sahnesoßen**, wie
Weißweinsoße- große Klasse, Kräuter-Crem-Soßen usw.
Manch ein Vollwertköstler mag sich an dem längeren Kochen
stören.
Dazu folgendes: Die Rezepturen dieser Soßen beruhen auf der
Tatsache, daß Sahne bei längerem Kochen eine Art
Gelierungsprozeß durchmacht. Das ergibt die cremige
Konsistenz. Mit den Zwiebeln und den anderen Zutaten
erreichen wir einen Geschmack, der unserer Zunge sehr gefällt
und schon lange in der Kochkunst genutzt wird. Auch wenn in
der Vollwertküche das Prinzip gilt, laßt unsere Nahrung so
natürlich wie möglich. -Hier nehmen wir das längere Kochen
in Kauf; denn gute Soßen, die ansonsten frugale und
vollwertige Mahle begleiten, erhöhen den Genuß ungemein.
Ein anderes Prinzip lautet eben auch, es muß schmecken!*

-braucht etwas Zeit -

Brokkoli in Brokkoli-Creme

Auf der Grundlage dieser Weißweinsoße läßt sich eine sehr
leckere Brokkoli-Creme, bzw. ein Püree herstellen.

> Die Weißweinsoße (S. 94) mit der Verlängerung zubereiten.
> Inzwischen
> **1 l Salzwasser** (1 TL Salz) zum Kochen bringen.
> **500 g Brokkoli** in Röschen und Stiele trennen. Gewichtsmäßig
> sollte auf jedes Teil die Hälfte fallen. Die
> holzigen Stiele schälen und in Scheiben
> schneiden. 5 Minuten in dem kochenden Salz
> wasser garen. Danach in die Soße geben und
> pürieren. Die restlichen Röschen 3 Minuten
> blanchieren. In eine Schüssel legen und mit
> dem Creme-Püree übergießen.
> **Geröstete Mandelblättchen** drüberstreuen.

- einfach -

Brokkoli-September-Pfanne

700 g Brokkoli herrichten wie s. S. 92. **1 gr. Zwiebel** halbieren, in Halbmonde schneiden, in **1 EL Olivenöl** anschmoren, ca. 2 Minuten. Dann an den Pfannenrand schieben. Brokkolischeiben mit **1 Pr. Salz** unter Rühren anschmoren, Zwiebeln drüberschichten und die Röschen draufsetzen. **3 Tomaten (250 g)** achteln, zugeben, Deckel auflegen und im eigenen Saft 10 Minuten schmoren lassen. Mit **Muskat, Pfeffer und Salz** abschmecken.

Var.:- 100 g Gouda, gerieben, drüberstreuen und bei gesschlossenem Deckel schmelzen lassen.
- 3 Eier mit Milch, Salz und Muskat verquirlt auf dem Brokkoli stocken lassen.

Brokkoli in Kürbis-Ingwer-Püree

Vielleicht ist ja etwas eingefrorenes Kürbis-Ingwer-Püree im Vorrat, sonst s. S. 125.

700 g Brokkoli herrichten und teilen, wie auf S. 92 beschrieben. **2-3 Tassen voll Kürbis-Ingwer-Püree** in einen weiten Topf geben, den Brokkoli (Stielstücke unten), **1 Pr. Salz** dazutun und langsam erhitzen. Falls das Püree zu dick scheint, **ca. ½ Tasse Wasser** angießen. Bei milder Hitze den Brokkoli bißfest garen, ca. 15 Minuten. **1 EL Butter** zum Schluß zum Verfeinern dazu geben. **3 EL geröstete Sonnenblumenkerne** draufstreuen.

Dazu paßt wunderbar der afghanische Reis, s. S. 201.

- einfach

Brokkoli als Winter-Gemüsepfanne

---

250 g Steckrüben schälen, grob raffeln.
100 g Sellerie schälen, grob raffeln. Das Gewichtsverhältnis der beiden kann nach Belieben verändert werden oder nur Sellerie oder nur Steckrüben genommen werden, auch Pastinaken passen noch dazu.
150 ml saure oder süße Sahne und
2 EL Sojasoße in eine Pfanne gießen und erhitzen. Das geraffelte Gemüse hineingeben.
400 g Brokkoli in halbierte Röschen teilen, das untere Ende der Stengel, wenn holzig, schälen. Die Röschen etwas in das Gemüsebett eindrücken.
1 Pr. Salz über den Brokkoli streuen. 10-15 Minuten zugedeckt schmoren lassen.
1 TL Senf unterrühren am Schluß - nach Geschmack.
2 EL geröstete Sonnenblumenkerne drüberstreuen.

Dazu geschnetzeltes Rindfleisch (S. 203), Mini-Bratkartoffeln (S. 132), Kartoffelplätzchen (S. 132) usw.

Var.: -Zwischen den Brokkoliröschen lassen sich gut kleine Grünkern-Mettbällchen (S. 193) oder Mettbällchen (S. 89) garen.
- *oder einfach gekeimte Kichererbsen dazwischenstreuen und mitgaren.*
- *Das Ganze läßt sich auch in größerer Menge als Auflauf herstellen. Dann den Brokkoli vorher 3 Minuten blanchieren (s. S. 92), etwas Knoblauch zum geraffelten Gemüse geben, 10 Minuten kochen lassen, alles in eine Auflaufform geben, Brokkoli oben drauf und mit 100 g Käse überbacken.*

- braucht Zeit -

Brokkoli-Torte

Den Teig zubereiten und vorbacken wie für Quiche-Pie-Gemüse-Torte, S. 188, angegeben.

500-600 g Brokkoli von oben bis unten in Röschen teilen, Holziges am Stiel abschälen, in **1 l Salzwasser** (1 TL Salz) 2 Minuten blanchieren, abtropfen lassen. Auf dem vorgebackenen Teig verteilen. **50 g rohen Schinken** würfeln und drüberstreuen oder **1 Tasse voll gekeimte Kichererbsen** drüberstreuen **250 g Sahne** (oder halb Milch / halb Sahne) mit **3 Eigelb** **2 EL Sojasoße** **2 EL feinem Vollkornmehl und** **je½ TL gem. Muskat** **gem. Piment** und **2 Pr. Pfeffer** verquirlen. **3 Eiweiß** mit **1 Pr. Salz** steif schlagen, unterheben und über den Brokkoli gießen. Jetzt 20 Minuten bei 190 °C backen. Dann **50 g Gouda** raffeln, drüberstreuen. **2 EL geröstete Sonnenblumenkerne** ebenfalls drüberstreuen und noch 10 Minuten weiterbacken.

Kann heiß oder kalt gegessen werden.

Var.: - Wer viel Zeit sparen möchte / muß, verzichtet auf den Teigboden und gibt Brokkoli und Guß wie beschrieben in eine weite, gefettete Auflaufform und überbäckt das Ganze 20 Minuten lang.

Blumenkohl-Frischkost

Blumenkohl gehört zu den feineren, leicht verdaulichen Kohlsorten. Er schmeckt roh nussig aromatisch.

> Soße im Rührbecher mit dem Pürierstab aufschlagen:
> **3 EL Doppelrahmfrischkäse oder Quark (ca. 100 g),**
> **2 EL Zitrone**
> **2 TL Senf**
> **1 Pr. Salz**
> **3 EL Olivenöl**
> **6 EL Wasser**
> Diese Zutaten gleich in die Soße geben:
> **2-3 große Blumenkohlröschen (ca. 100 g)** in sehr kleine Röschen geteilt.
> **50 g Weißes vom Porree** in sehr feine Ringe geschnitten. Das Grüne in einer Gemüsepfanne verwenden.
> **60 g Zucchini** klein gewürfelt.
> Etwas ziehen lassen. Dann auf **Salatblättern** anrichten. Mit grob gehackter **Petersilie Dillspitzen** und
> **2 EL gerösteten Mandel-** oder Haselnußsplittern bestreuen.

Var.:- Versuchen Sie einmal die Nuß-Sherry-Soße (S. 82), das Basilikum-Pesto (S. 21) oder die Kräuterschäume (S. 19) dazu.

- Fügen Sie 50 g fein geraffelte Rote Bete, 1 TL gem. Fenchel oder 2 TL Meerrettich und noch mehr Dill hinzu. Das ergibt zwei ganz unterschiedliche Geschmacksrichtungen.

- braucht etwas Zeit -

Blumenkohl auf dem Porreebett mit Krümelmett

1 großer Blumenkohl oder 2 mittlere in dicke Röschen teilen.	

1 großer Blumenkohl oder 2 mittlere in dicke Röschen teilen.
In einem weiten Topf 2 cm
Wasser erhitzen und die Röschen darin 5 Minuten garen. Feuer abstellen und so lange in dem geschlossenen Topf nachgaren lassen, bis der Kohl gebraucht wird. Er sollte dann noch bißfest sein.
300 g Porree (ca. 3 Stg) in Ringe schneiden, in
1 EL Olivenöl und
1 EL Wasser anschmoren, zudecken und 5-8 Minuten sanft dünsten. Wenn er gar ist, als unterste Lage in eine weite Auflaufform geben,
etwas Muskat draufstreuen. Während der Porree gart, vermischen Sie
100 g Rindermett mit
1 EL Sojasoße und
1 EL Kartoffelmehl. Nun in einer Pfanne
1 EL Olivenöl erhitzen und das Mett unter stetem Wenden braten, bis es nicht mehr rot ist. Das geht in 2-3 Minuten. Auf dem Porree verteilen. Die Blumenkohlröschen evtl. noch weiter zerkleinern und draufsetzen. Mit
100g geriebenem Gouda bestreuen und noch einige
Butterflöckchen draufsetzen. Im Ofen bei 200 °C 10-15 Minuten überbacken.

Dazu Pellkartoffeln oder Naturreis (S. 200) reichen.
Die helle, sanfte Hirsesoße von S. 164 mit der
Cambozola-Variante wäre auch ein guter Begleiter zum
Blumenkohl.

- braucht viel Zeit -

Wirsing-Wickel mit Zucchini-Pilz-Füllung

2 l Salzwasser (1 TL Salz) zum Kochen aufsetzen. Von
1 großen Wirsingkohl die äußersten Blätter entfernen und wegwerfen. Ca. 20 Blätter ablösen. Dazu den Strunk trichterförmig ausschneiden und nach dem relativ leichten Lösen der äußeren Blätter den Wirsing in das kochende Wasser legen. Nach und nach lassen sich alle brauchbaren Blätter lösen und abschneiden. Gleichzeitig kann man anfangen, alle gelösten Blätter neben dem schwimmenden Kohlkopf je ca. 5 Minuten zu blanchieren. Auf einem Durchschlag abtropfen und abkühlen lassen. Später vor dem Aufrollen die Rippen flach schneiden.
150 g Zwiebeln fein würfeln,
200 g Pilze in Stifte schneiden
200 g Zucchini fein würfeln.
Diese drei Gemüse nun wie die Zucchini-Pilz-Pfanne von S. 62 garen, einschließlich der Kartoffelstärke und Steinpilzpaste, aber ohne Sahne. Jetzt sollte noch
1 Tasse gekeimter Roggen s. S. 173 oder gekeimte Linsen s. S. 170 oder 1 Tasse gekochter Reis, gekochte Linsen oder gekochter Hafer hinzugemischt werden (vielleicht stehen ja noch Reste im Kühlschrank). Zum Schluß
1 Ei untermengen.
Nun je ein großes (meist dunkelgrünes) und ein kleines (meist gelbes) Kohlblatt in eine Suppenkelle drücken.

Die Höhlung mit der Masse knapp füllen,
Seiten überschlagen und aufrollen.
Sind die Blätter groß genug, halten sie ganz
ohne Zahnstocher zusammen, sonst kleinere
Wickel machen.
Ergibt ca. 10 Rouladen.
In zwei Pfannen erhitzen wir je
2 EL Olivenöl, setzen die Wickel hinein, streuen
etwas Muskat drauf und schmoren sie sanft von beiden Seiten
an, damit der Geschmack herauskommt. Dann
je1/2 Tasse Sahne angießen, zudecken und in 5-10 Minuten
sachte fertig schmoren.

Dazu passen eine schnelle Polenta von S. 196, die ausgequollene Hirse von S. 194 oder auch Linsen als Beilage von S. 178, alles schnell zuzubereiten.

Var.:- Man kann die Wickel, ohne anzuschmoren, in eine Auflaufform setzen, etwas Muskat, geriebenen Käse und Butterflöckchen darauf verteilen und im vorgeheizten Ofen 10 Minuten überbacken.
- Statt Wirsing lassen sich natürlich auch Weißkohl- Chinakohl- oder Spitzkohlblätter füllen.
- Oder was die Sache noch einfacher macht, ausgehöhlte Tomaten und Paprikaschoten damit füllen.

Das Kochen von Rotkohl mit Äpfeln und Gewürzen ist nicht zu übertreffen, daher finden Sie hier nur diese Frischkost:

Karins Rotkohl-Salat

1 EL Essig oder Zitrone
1/2 TL Honig
3 EL Orangensaft
2 EL Sonnenblumenöl und
1 Pr. Pfeffer zu einer Soße verrühren.
DieseSalatzutaten sofort in die Soße geben:
1 kl. Zwiebel sehr fein gewürfelt,
200 g Rotkohl ohne Strunk fein gehobelt und mit
1 Pr. Salz etwas gestampft, damit er mürbe ist,
1 Apfel mit Schale, geviertelt, ohne Kernhaus, in dünne Scheiben geschnitten,
1 Apfelsine gepellt, gewürfelt.
Alles gut mischen.
2-3 EL Haselnüsse grob gehackt drüberstreuen.
Den Salat etwas durchziehen lassen.

Var.:- 1/2 TL fein geraspelten, frischen Ingwer in die Salatsoße mischen.
  - 2 EL Rosinen gleich zu Anfang in die Soße geben.

- sehr einfach -

Rosenkohl an Pilzgemüse

Heutige Rosenkohlsorten sind auch ohne Frost meist zart und milde, ansonsten kann ihnen Frost nicht schaden.

½ l **Gemüsebrühe** aufsetzen.	
1 kg Rosenkohl putzen. In der Brühe im halb geöffneten Topf ca. 10 Minuten garen. Auf keinen Fall zu weich werden lassen. Abtropfen lassen,	
1 EL Butter	drauf schmelzen lassen, mit frisch geriebener
Muskatnuß	bestreuen.

Var.:- Den Inhalt von zwei Bratwürsten in Häppchen teilen und auf dem Rosenkohl mitgaren.
 - Wer befürchtet, daß der Rosenkohl bitter bleibt, kocht ihn mit Wasser bedeckt im offenen Topf.

Pilzgemüse

300 g Champignons in Scheiben schneiden.	
1 gr. Zwiebel (ca. 150 g) fein würfeln, in einer Pfanne in	
2 EL Butterschmalz glasig schmoren. Bei heißer Pfanne die Pilze hinzugeben.	
1 Pr. Salz	draufgeben und ca. 5 Minuten unter Wenden schmoren. Das austretende Wasser soll erst abdampfen, ehe
½ **Tasse Weißwein** angegossen wird. Auch diese unter Rühren verdampfen lassen. Dann mit	
150 g Sahne	ablöschen und in ca. 5 Minuten soviel davon sachte einkochen lassen, daß ein saftiges Pilzgemüse entsteht. Evtl. noch mit
1 Msp. Pilzhefebrühpaste abschmecken.	

Zu Rosenkohl und Pilzpfanne passen sehr gut Kartoffelbrei oder Steckrübenpüree (S. 156).

Krautsalat mit Schafskäse und Oliven

2 EL Zitrone oder Essig
2 TL scharfen Senf
1 kl. gepreßten Knoblauchzehe
3 EL Joghurt oder dgl.
2 EL Olivenöl und
etwas Pfeffer und zu einer Soße verrühren.
300 g Weißkohl sehr fein hobeln, mit
½ TL Salz überstreuen und in einer Schüssel etwas stampfen, um die Zellstruktur ein wenig aufzuschließen. Dann mit der Soße innig mischen.
Folgende Zutaten sofort untermengen:
1 gr. Apfel geviertelt, ohne Kernhaus, in Scheiben geschnitten,
4 Stgl. Petersilie
4 Stgl. Dill und
4 Stgl. Zitronenmelisse: nur die abgezupften Blättchen zusammen grob bis fein gehackt,
100 g Schafskäse gewürfelt und
12 schwarze Oliven.
Dieser Salat sollte etwas durchziehen und ist am nächsten Tag auch noch genießbar.

Var.: - Folgendes paßt auch noch gut dazu: ½ rote Paprikaschote, gewürfelt, 1 Handvoll Keimlinge aller Art, dicke Brokkolistiele, geschält und gewürfelt oder ½ Tasse grob geraffelte Steckrüben. Dann am besten den Kohlanteil etwas reduzieren.
- *Probieren Sie mal die Quark-Nußmus-Soße von S. 34, Basilikum-Pesto (S. 21) oder Kerbel-Sahne-Schaum (S. 19) dazu.*

Sauerkrautsalat

Eigentlich lohnt es sich gar nicht, den Sauerkrautsalat zu beschreiben, so einfach ist er zu machen. Dafür aber umso mehr, etwas über das Sauerkraut selbst zu plaudern. Es ist nämlich ein wahrer Gesundmacher!
Die Milchsäurebakterien, in der Luft immer vorhanden und so genannt, weil sie auch die Milch säuern, bewirken auch beim Kohl (oder Gurken usw.) die Säuerung und bauen aus ihm ein anders schmeckendes, haltbares Lebensmittel auf, das erstaunlich viele darmpflegende Eigenschaften besitzt.
Man stelle sich das ruhig mal wie eine zarte, aber wirkungsvolle Bürste vor, die in jeden Darmwinkel dringt. In Wirklichkeit sind es die Milchsäurebakterien im Verein mit den Ballaststoffen des Kohls, die den Darm in Bewegung bringen, unerwünschte Stoffwechselprodukte herausbefördern, die natürliche Darmflora stärken usw. Die Milchsäure stabilisiert das Vit. C und verbessert die Bioverfügbarkeit des Eisens, hilft oft bei zu wenig Magensäure und Sodbrennen.
Sauerkraut sollte viel roh gegessen und möglichst nicht gewaschen werden. Frisches Sauerkraut aus dem Öko-Anbau ist besonders milde. Während der Lagerung im Laufe des Winters nimmt die Säuerung natürlicherweise zu. Gekocht ist es auch immer noch sehr wertvoll.

Hier nun der einfachste Salat der Welt:

2-3 EL Sultaninen o. ä. in eine Schüssel geben.	
250 g Sauerkraut, unerhitzt, auch nicht pasteurisiert, also nicht aus der Dose (möglichst!), etwas kleinschneiden und auf die Sultaninen legen. Sauerkrautsaft mitverwenden.	
1-2 Äpfel	z. B. Ingrid Marie, vierteln, Kernhaus entfernen, würfeln und mit allem gründlich mischen und etwas ziehen lassen.

- braucht viel Zeit -

Grünkohl

Wie würden wir Bremer den Winter ohne Kohl und Pinkel überstehen? Vermutlich gar nicht. Denn was sind das für Mengen an wertvollen Nähr- und Wirkstoffen, mit denen dieser struppige Geselle uns seine Aufwartung macht! Er steht tatsächlich an der Spitze aller Kohlsorten mit viel Magnesium, Kalzium, Kalium, Vit. A und C usw. usw. Er soll Frost bekommen. Das mildert seine Strenge. In der Küche bearbeiten wir ihn mit dem gleichen Ziel, indem wir ihn blanchieren. Das mindert zwar seinen Reichtum, entfernt aber das unerwünschte Nitrat und aus seinen krausen Blättern was er an Staub und Blei gesammelt haben könnte. Ebenso entfernen wir beim gründlichen Waschen alle Rippen. Wir müssen uns um ihn schon etwas Mühe machen. Traditionellerweise geschieht das im weiteren Verlauf der Bearbeitung mit viel Fleisch, Speck und Würsten, u. a. der eben erwähnten Pinkel, die eine Grützwurst ist. Das gehört alles unbedingt zur Winter-Überlebens-Strategie und soll auch, z. B. als Festessen, seinen Stellenwert behalten.

Hier habe ich mich allerdings um minder fleischliche Varianten bemüht, die dafür den Grünkohl mehr zum Zuge kommen lassen.

2-3 l Blanchierwasser (2 TL Salz) aufsetzen.
1 kg Grünkohl (brutto) während des Waschens von allen Unreinheiten und Rippen befreien. Die Menge partienweise je 5 Minuten blanchieren. Abtropfen lassen und grob kleinschneiden.
400 g Zwiebeln in Halbmonde schneiden, in einem großen Topf (mindestens 5 l) mit
3 EL Olivenöl anschmoren
½ l heiße Gemüsebrühe angießen. Die Hälfte des Kohls einschichten. Würzen mit
je ½ TL ganzen Piment
Koriander und Pfeffer

> etwas geriebenem **Muskat und Muskatblüte**.Den restlichen
> Kohl draufgeben, die gleiche Würzung
> nochmals drüberstreuen.
> Nun ca. 45 Minuten sanft garen lassen.
> Währenddessen einmal alles wenden. Dabei
> **1 Tasse Kochbrühe** abnehmen. Falls viel Kohlbrühe
> entstanden ist, etwas
> **geschroteten Hafer** zum Binden einrühren.
> In die abgenommene Brühe
> **2 EL Senf**
> **1 gequetschte Zehe Knoblauch**
> **3 EL Olivenöl** und evtl. noch
> **Salz und Pfeffer** einrühren.
> Damit den fertig gegarten Kohl würzen.

Dazu natürlich Pellkartoffeln reichen.

Var.:- Den gegarten Kohl (oder Reste davon) in eine Auflaufform schichten. 1 kl. Dose Tomaten ohne die Flüssigkeit dazwischen legen, 100 g geriebenen Gouda drüberstreuen und 15 Minuten überbacken.
  - *Doch 2 Pinkel aufschneiden, in den Fond drücken, 2 weitere obenauf garen, die erst am Tisch geteilt werden. Beim Wenden alles schön mischen. Das gibt dann wirklich den typischen Braunkohlgeschmack.*

Zwiebeln, Knoblauch und Porree/Lauch

Wer weder Zwiebel noch Knoblauch mag oder verträgt, ist eigentlich arm dran, denn was sich in diesen beiden Knollen - und z. T. in abgeschwächten Maßen auch im Porree - an gesundheitlich wirkungsvollen Stoffen verbirgt, ist schon erstaunlich.
Sie wirken entzündungshemmend, vertreiben krankmachende Bakterien aus Verdauungs- und Atemwegen, regen die Drüsen an, können der Entstehung von Krebs vorbeugen usw.
Der Knoblauch steht anerkanntermaßen bei allen an der Spitze, er heilt am besten, würzt am meisten und dünstet leider auch am stärksten aus Mund und Haut aus. Verantwortlich ist dafür das Allicin, das erst beim Aufbrechen, Quetschen oder Kauen entsteht. Dagegen ist kein Kraut gewachsen, es sei denn Petersilie, mit der man es ja mal versuchen kann. Auch Vermengen mit Öl, das den Ort des Geschehens in Dünndarmbereiche verlagert, wo das Fett verdaut wird, ist einen Versuch wert.

Dies gilt insbesondere für den rohen Knoblauch, der gegarte ist eher wie ein Tiger ohne Krallen. Zwiebeln und Knoblauch stehen uns aufgrund ihrer Lagerfähigkeit durch die schützende Pelle und ihren antibiotischen Inhalt auch im Winter in voller Kraft zur Verfügung. Also in jeden Salat eine kleine Zwiebel schnibbeln oder etwas Knoblauch quetschen. Denn roh und regelmäßig genossen ist natürlich alles noch viel wirkungsvoller.

Die gelbe Küchenzwiebel ist die gewöhnlichste, schärfer als die dicke (spanische) Gemüsezwiebel oder die weiße und rote Zwiebel. Die Schalotten sind die kleinsten und am feinsten, aber doch pikant im Geschmack. Auf die zarte milde Frühlings- oder Lauchzwiebel wartet man am Ende des Winters schon sehnlichst für Quark und Salate.

Zwiebeln und Porree haben sanft gedünstet einen milden, süßlichen Geschmack und eignen sich daher als Zugabe zu kräftigeren Gemüsesorten wie Kohl, Mangold usw. Kroß gebraten geben sich Zwiebeln viel würziger.
Will man aus Bekömmlichkeitsgründen das übliche Anbraten mit Fett vermeiden, dünstet man sie einfach mit wenigen Eßlöffeln Wasser oder Wein und fügt später etwas Butter hinzu. Zwiebeln und Knoblauch roh nie länger pürieren, sonst können sie bitter schmecken.
Zwiebeln in Halbmonde schneiden geht so: Zwiebel von der Wurzel zur Spitze halbieren, auf die Schnittflächen legen und mit einem großen, scharfen Messer einfach in dünne Scheiben schneiden, wobei die Spitze des Messers zur Spitze der Zwiebel zeigt. Das ist die einfachste und sicherste Art und sieht sehr hübsch aus und wird in der asiatischen Küche oft so gehandhabt.
Porree von allem Sand zu befreien geht so: Stangen der Länge nach halbieren, aufblättern und unter fließendem Wasser Blatt für Blatt spülen. Erst danach weiter zerkleinern. Das Grüne immer mitverwenden.
Knoblauch entweder mit der Knoblauchpresse quetschen oder fein würfeln, mit Salz bestreuen, 5-10 Minuten stehen lassen und zerdrücken. Dann ist er zart und musig und verteilt sich schnell in den Gerichten.

- einfach -

Glasierte Zwiebelchen

Gerade die kleinen Zwiebeln, die sonst keiner haben will, lassen sich zu einer sehr leckeren Beilage verarbeiten.

16-20 kleine Zwiebeln	von ca. 1,5 cm Dicke mit kochendem Wasser überbrühen und dann pellen (geht wunderbar!). Man bringt in einen breiteren Topf
1 cm Wasser	zum Kochen, legt die Zwiebeln hinein und streut
1 Pr. Salz	darüber. Man kocht sie zugedeckt ca. 10 Minuten, bis man sie anstechen kann. Jetzt
1 TL Zucker	drüberstreuen und unter Wenden schmoren, bis alles Wasser abgedampft ist. Das nennt man glasieren, weil durch den schmelzenden Zucker eine glasige Schicht aufgezogen wird.
1 Stich Butter	hinzufügen.

Verwendung wie bei Zwiebeln vom Wurzelsepp (nebenstehend) oder in der Getreidesoße - angedarrt (S. 190) servieren, pochierte Eier dazu.

Var.:- Einige Möhren, dünn geschält, der Länge nach spalten und mitgaren, desgleichen 1-2 Teltower Rübchen, ungeschält, vierteln und dazugeben.

- sehr einfach -

Zwiebeln vom Wurzelsepp
ganz nebenbei gegart

8 gleichgroße Zwiebeln oder viele kleinere waschen, nicht pellen, die Wurzelenden etwas dicker abschneiden, in eine gefettete, feuerfeste Form setzen.
1 Tasse Wasser angießen und für ca. 45 Minuten bei 200 °C in den Ofen schieben. Das Wasser verdampft zwar, schafft aber eine feuchte Atmosphäre im Ofen, in der die Zwiebeln gut garen. Sie sind fertig, wenn man sie leicht einstechen kann. Zum Essen läßt man sie etwas abkühlen und drückt sie dann einfach aus der Schale.

- *Sie schmecken köstlich zu vielen geschmorten Gemüsen wie Zucchini, Pilzen, Spinat, Mangold, Kohl usw, zu Steckrübenpüree (S. 156) oder Hokkaidokürbis-püree (S. 129) und zu kurzgebratenem Fleisch.*
- *Man kann sie ca. 15 Minuten vor einem Auflauf in den Ofen schieben und beides gemeinsam fertig garen, z.B. den Kartoffelauflauf von S. 133 oder die Puffkartoffeln (S. 133) oder die Super-Bratlinge in der Variation vom Blech (S. 192)*
- *Man kann sie auch gleichzeitig mit Hokkaidokürbisscheiben (S. 126) im Ofen garen.*

- einfach -

Enriques
saftige Zwiebel-Eier-Pfanne

700-750 g Gemüsezwiebeln in Halbmonde schneiden.
2 EL Olivenöl in einer beschichteten Pfanne erhitzen.
Die Zwiebeln darin anschmoren.
1 Stg. Porree in Scheiben schneiden, zugeben und alles untergelegentlichem Wenden 5 Minuten ohne Deckel sanft dünsten lassen. Danach mit
½ TL Salz
frisch gemahlenem Pfeffer und
1 EL Schabziegerklee würzen. Inzwischen
5 Stgl. Petersilie ohne Stengel grob hacken,
2 Zehen Knoblauch fein würfeln. Beides am Ende der Garzeit unterheben.
4 Eier mit etwas
Salz und Pfeffer verquirlen und drübergießen. Ehe der Deckel aufgelegt wird, noch
1-2 EL gerösteten und mit Salz gequetschten Sesam (s. S. 88) drübersteuen. Alles bei sehr milder Temperatur in 5-8 Minuten zugedeckt stocken lassen. Das ganze Gericht soll schön saftig bleiben und auch nicht von unten braun werden. Am besten ist eine beschichtete Pfanne dafür.

Dazu passen mal wieder schlicht und einfach Pellkartoffeln, und ein grüner Salat ist eine gute Ergänzung dazu.
Auch kalt ist Enriques Pfanne sehr lecker.

Var.:-100-200 g Spinat, Brennessel oder Mangold gleich zu Beginn putzen, Stengel entfernen usw. und nach dem Porree hinzufügen, dabei die Zwiebeln etwas zur Seite schieben.

- macht Arbeit und braucht Zeit - der Teig kann aber schon Tage vorher gemacht werden -

Runde Zwiebel-Pie

Einen Pie-Mürbeteig, wie auf S. 188 beschrieben, herstellen und vorbacken. Das kann Tage vorher gemacht werden.

500 g Gemüsezwiebeln genauso zubereiten und garen wie für Enrique "Saftige Zwiebelpfanne" auf S. 114 beschrieben. Der Porree kann wegbleiben, aber die Petersilie ist sehr zu empfehlen. Das Stocken mit den Eiern fällt natürlich weg. Kräftig mit Schabzigerklee, Pfeffer und Salz abschmecken.
Die Zwiebeln auf dem Teig verteilen.
Den Backofen auf 200 °C einstellen.
Guß:
2 Eier mit
100 g saurer Sahne
100 g süßer Sahne oder Milch etwas
Salz und Pfeffer verquirlen und gleichmäßig drübergießen.
Bei 200 °C 30 Minuten backen.
Wenn gewünscht,
100 g Gouda reiben und die letzten 10 Minuten mitbacken lassen.

Schmeckt warm wie kalt sehr gut.
Gleichzeitig mit der Pie Hokkaidokürbisschnitten (S. 126) einschieben und mitgaren.

Var.: *- 50 g harte Mettwurst oder Schinken in Streifen schneiden und auf den Zwiebeln verteilen.*
 - *Will man ein ganzes Blech backen, muß man die Teigmenge, den Zwiebelbelag und den Guß reichlich verdoppeln.*

Lores Porree-Salat

150 g Joghurt
2 EL saure Sahne
1 Pr. Salz
1 EL Ahornsirup
1 TL Senf
1 TL Madras-Curry und
etwas Pfeffer zu einer Soße verrrühren.

Diese Zutaten sofort in die Soße geben:
100-150 g Weißes vom Porree in sehr feine Ringe geschnitten (das Grüne z. B. in einer Gemüsepfanne verwenden).
1 kl. Pastinake (ca. 60 g) oder Sellerie fein geraffelt
½ kl. Dose Mais, abgetropft
2 Äpfel geviertelt, ohne Kernhaus, in dünne Scheiben geschnitten.
150 g gekochten Schinken gewürfelt
Petersilie
Schnittlauch und
4 Stgl. frischen Thymian abgerebelt und fein gehackt untermischen.
Alles etwas durchziehen lassen.

Var.:- Statt des Schinkens 2 hart gekochte Eier achteln und dekorativ draufsetzen.
- Mit geröstetem und mit etwas Salz gequetschtem Sesam bestreuen.
- Auch ein paar Stücke Ananas passen dazu.

- einfach -

Porreegemüse auf chinesisch

> **600 g Porree** in schräge, schmale Ringe schneiden, in einer großen Pfanne mit
> **2 EL Olivenöl** und
> **2 EL Wasser** anschmoren, zudecken, ca. 10 Minuten sanft dünsten lassen. Inzwischen
> **1 Zehe Knoblauch** mit etwas Salz zerdrückt ziehen lassen.
> **2 TL frischen Ingwer** auf der Vierkantreibe fein reiben oder sehr klein würfeln. Wenn der Porree gar ist (nicht zu weich werden lassen), mit dem Knoblauch, Ingwer und
> **2 EL Sojasoße** abschmecken.
> **3 EL gerösteten Sesam** mit etwas Salz zerdrücken und drüberstreuen.

- *Während der Porree gart, kann man ihn als Garbett für Mettbällchen (S. 89 oder S. 193) benutzen. Naturreis (S. 200) dazu servieren.*
- *Oder Weizen-Käse-Klößchen (S. 191) darauf garen und ohne weitere Beilage reichen.*
- *Wenn Sie Steckrübenpüree (S. 156) oder Kartoffelbrei dazu zubereiten, paßt noch geschnetzeltes Rindfleisch (S. 203) oder Krümelmett (S. 101) dazu.*
- *Eine andere Möglichkeit besteht darin, einen gegarten Blumenkohl oder blanchierten Brokkoli (S. 92) auf dem Porree anzurichten, Naturreis dazu zu servieren und um ein Festessen daraus zu machen, das Pilzgemüse von S. 105 dazu anzubieten.*

Var.:- Garen Sie zusammen mit dem Porree zusätzlich 300 g Hokkaidokürbiswürfel, die Sie mit ½ Tasse Apfelsaft (Sherry o. ä.) ablöschen. Die sonstige Würzung bleibt gleich.
- *Man kann auch Hokkaidokürbisschnitten vom Blech (S. 126) extra dazu im Ofen garen.*

-braucht Zeit -

Französische Quiche mit Porree und Pilzen

Den Teig zubereiten und vorbacken, wie für "Quiche- Pie - oder Gemüsetorte" S. 188 angegeben.

1 mittlere Zwiebel (ca. 50 g) würfeln
300 g Porree in feine Ringe schneiden
300 g Pilze in Scheiben schneiden.Es geht auch ohne Pilze, dann insgesamt 500 g Porree nehmen.
1 El Butterschmalz schmelzen lassen.
Zuerst die Zwiebeln kurz anbraten, dann den Porree unter Wenden ca. 4 Minuten mitbraten. Zur Seite schieben oder ganz aus der Pfanne nehmen und die Pilze heiß anbraten. Ca. 4 Minuten unter Wenden schmoren. Alles mischen und mit
1 TL Steinpilzhefebrühpaste,
Salz und Pfeffer abschmecken. Ein wenig abkühlen lassen, dann auf dem vorgebackenen Teig verteilen.
Für den Guß:
2 Eischnee steif schlagen.
125 ml saure Sahne
125 ml Milch mit
1 EL Vollkornmehl und
2 Eigelb im Rührbecher verquirlen, mit
Muskat und
Pfeffer würzen. Den Eischnee unterheben, den Guß auf dem Porree verteilen. Bei 200 °C 20 Minuten backen.
50 g geriebenen Gouda oder Emmentaler draufstreuen und noch 10 Minuten weiterbacken.

Var.:- Sie können das Porree-Pilz-Gemüse auch ganz ohne Pie servieren. Nehmen sie dann 500 g Porree und 500 g Pilze und reichen Sie Naturreis (S. 200) und geschnetzeltes Fleisch (S. 203) dazu.

- einfach -

Porreesuppe Denise

1-2 Zwiebeln (ca. 100 g) in Halbmonde schneiden und in einem Suppentopf in
2 EL Olivenöl anschmoren
2 Stg. Porree (ca. 300 g) in Ringe geschnitten hinzufügen.
1 Teltower Rübchen oder 100 g weißen Rettich ungeschält in 1 cm Würfel geteilt und
200 g Hokkaidokürbis ungeschält in kleine Würfel geschnitten dazugeben.
1-2 EL gekörnte Gemüsebrühe drüberstreuen.
½ Tasse Wasser angießen und zugedeckt dünsten lassen. Gleichzeitig
1,5 l Wasser zum Kochen bringen. Sobald dieses kocht, an das Gemüse gießen und alles 15 Minuten lang sanft kochen lassen. Inzwischen toasten wir
4 Scheiben Vollkorntoastbrot schön kroß und reiben sie mit
1 Zehe Knoblauch von beiden Seiten ein. Dann in Stücke brechen und in die fertige Suppe geben, damit sie sich vollsaugen. Mit
frischem Pfeffer und evtl. noch
etwas Salz nachwürzen.

Hier ist es der Hokkaidokürbis, der die Suppe appetitlich gelb und farbenfroh macht, wenn der Kürbis noch jung genug ist und musig auskocht.
Der Clou sind natürlich die Brotfladen, die in der Suppe schwimmen und den sanften Knoblauchgeschmack verbreiten.

Var. - Statt der Teltower Rüben oder Rettich lassen sich auch gut Pastinaken oder Möhren verwenden.

Der Kürbis

Diese wunderbaren, großen, runden Gebilde in leuchtendem Gelb oder Orange ziehen - wo immer sie auftauchen - unsere Blicke auf sich und unsere Hand streckt sich aus, um ihre sanfte Glätte zu spüren.
Außer unserem riesigen Gartenkürbis gibt es z. B. den Butternuß-, den Hokkaido-, den Spaghetti-, (dessen Inneres nach dem Kochen wie Spaghetti aussieht) den Ufo- oder Squashkürbis (der klein und flach wie ein Ufo ist) und den Türkischen Turban (der voll genießbar ist, aber meist nur als Zierkürbis verwendet wird). Wer weiß, was noch alles auf den Markt kommen wird!
Die meisten Sorten lassen sich problemlos wochen- bis monatelang lagern, wenn sie ausgereift sind, erkennbar am verholzten Stiel. Ausnahmen sind Spaghetti- und Ölkürbis, die nur unreif verzehrt werden können, da sie sonst holzig werden. Vom Ölkürbis stammen übrigens die dunkelgrünen Kürbiskerne.
Es gibt inzwischen viele neue Rezepte für unseren urwüchsigen Gartenkürbis, der in seiner Milde viel mit sich machen läßt, und zu dem immer wieder Ingwer paßt, aber auch Salbei oder Meerrettich. Den typischen Kürbisgeschmack entwickelt er überraschenderweise nur in der altbekannten süß-sauren Rezeptur.
Er schmeckt auch roh als Beimischungen in Salaten. Eine besondere Entdeckung ist der Hokkaidokürbis - auch Oranger Knirps oder Potimarron genannt - bei dessen Anblick uns bald das Wasser im Munde zusammenlaufen wird. Er schmeckt mürbe und erreicht geschmort oder gebacken einen aromatischen, wohligen Geschmack.

Elkes Kürbis-Frischkost

2 El Zitronensaft
2 EL saure Sahne
4 EL Sahne
2 Msp. frisch geriebene Ingwerwurzel und
½ TL Zimt zu einer Soße zusammenrühren.

Diese Salatzutaten sofort in die Soße geben:
250 g **Gartenkürbisfleisch** grob raffeln,
100 g **Apfel** würfeln oder hobeln,
100 g **Möhren** fein raffeln,
1 **Orange** schälen, würfeln. Alles vermischen und
2 EL **Kokosraspel** drüberstreuen.

Var.:- Die Soße zusätzlich mit 2 TL geriebenen Meerrettich,
2 EL Olivenöl und 1 Msp. Honig abschmecken.
- *Portionsweise auf grünen Salat- oder Chinakohlblättern*
anrichten,ein paar dunkle Kürbiskerne und einige
Sprossen drüberstreuen.

Kürbis-Frischkost mit Mangochutney

> **5 EL Joghurt natur** oder 50-100 g halbgeschlagene Sahne mit **3-4 TL Mangochutney** (Fertigprodukt) zu einer Soße verrühren.
> Diese Zutaten sofort in die Soße geben:
> **200 g Gartenkürbis** in schmale Spalten schneiden, dann schälen und fein hobeln
> **1 Apfel** grob raffeln,
> **1 Chicoree** längs halbieren und in schmale Halbmonde schneiden.
> Alles vermischen.
> **2 EL Kürbiskerne** oder 2 EL grob gehackte Nüsse und wenn vorhanden,
> **2 EL Keimlinge** beliebiger Art drüberstreuen.

Var.: - Statt des Chicorees nehmen wir 50 g Rote Bete, ungeschält und fein geraffelt, legen Kürbis, Apfel mit etwas Zitrone beträufelt und Rote Bete getrennt nebeneinander auf eine Platte und gießen die Mangochutney-Joghurt (oder Sahne) dekorativ darüber - eine Farbenpracht, besonders wenn man alles noch auf grünen Salatblätter anrichtet.

- einfach -

Hadys Kürbis-Lieblingsgericht

Als Hady aus dem Senegal im Bauernladen einkaufte, schwärmte er von "seiner" Kürbispfanne. Hier ist sie:

---

800 g Gartenkürbis in schmale Spalten schneiden, dann schälen und in 1 cm, eher flache Würfel schneiden.
2 gr. Zwiebeln (ca. 250 g) halbieren, in Halbmonde schneiden,
2 kl. Zehen Knoblauch fein würfeln, beides in einer großen Pfanne in
2 EL Olivenöl anschmoren.
500 g Tomaten würfeln (wenn gewünscht, vorher überbrühen und häuten), zu den Zwiebeln geben (oder z. B. im Winter 6 EL Tomatenmark und 2 Tassen Wasser nehmen). Die Kürbiswürfel hinzugeben, vermengen und 10 Minuten zugedeckt schmoren. Zum Schluß noch etwas von der Kochflüssigkeit abdampfen lassen, mit
½ EL Essig,
Salz und Pfeffer abschmecken.

Dazu paßt einfacher Quellreis (S. 200) oder der afghanische Gewürzreis von S. 201.

Var.: *- 1 TL sehr fein gewürfelten und etwas zerdrückten Ingwer mit den Zwiebeln mitschmoren.*

- einfach -

Kürbis-Pastinaken-Gemüse

Da Pastinaken relativ trocken sind, kombiniere ich sie hiermit Kürbis und Weißwein. So geben beide ihr Bestes.

2 Zwiebeln in Halbmonde schneiden, in
2 EL Olivenöl mit
1½ TL Madras-Curry anschmoren.
250 g Pastinaken
1 Möhre und
1 Kartoffel dünn schälen, in dünne Scheiben schneiden, zu den Zwiebeln geben und ca. 2 Minuten unter Wenden mitschmoren.
¼ TL Salz dazugeben. Nun mit
¼ l Weißwein (trocken) ablöschen (für Kinder Apfelsaft), 5-10 Minuten köcheln lassen. Inzwischen
800 g Gartenkürbis in schmale Spalten schneiden, schälen, in kleine Würfel schneiden und zu den Pastinaken geben.
2 TL frischen Ingwer fein reiben (kleine Lochung der Vierkantreibe) dazugeben.
Alles vorsichtig vermischen, zudecken und 20-10 Minuten sanft dünsten lassen. Zwischenzeitlich einmal wenden. Mit
¼ TL Muskatblüte und
1 Spur Cayennepfeffer und
2 EL saurer Sahne abschmecken.

Dazu kann man noch Rosenkohl (S. 105) kochen und etwas Kurzgebratenes dazu servieren.

Var. - Statt Gartenkürbis Hokkaidokürbis verwenden. Dazu ¼ l mehr Flüssigkeit nehmen.

- einfach -

Kürbis-Ingwer-Püree

Was tun mit den letzten Stücken eines Kürbis, wenn man schon von der Frischkost über die Gemüsepfanne alles durch - probiert hat? Man kocht ein Kürbismus- oder püree, das man einfrieren kann. Später kann man damit Kürbisbrot backen, es als Suppengrundlage s. u. verwenden oder zum Schmoren vom Gemüse einsetzen, z. B. für Brokkoli s. S. 97.

---

500 g Gartenkürbis in ca. 1 cm breite Spalten schneiden, diese schälen und in Würfel schneiden.
1 EL Olivenöl in einer Pfanne erwärmen, den Kürbis mit
½ TL Salz darin unter Wenden anschmoren, ca. 3 Minuten.
1 TL frischen Ingwer fein hacken und hinzufügen. Deckel auflegen und so lange auf kleiner Flamme garen, bis es Mus ist. Das dauert ca. 15 Minuten. Inzwischen
1 Zehe Knoblauch mit Salz quetschen, ziehen lassen und zum Schluß kurz mitdünsten.

Portionsweise einfrieren. Als Fond zum Gemüsekochen braucht man 2-3 Tassen voll. Für Suppen oder Kürbisbrot braucht man die ganze Menge.

Var.: Für eine indisch nachempfundene Kürbissuppe fügt man als zusätzliche Würze Pfeffer, Muskatblüte, Cardamom und Curcuma hinzu, gibt extra angeschmorte, mit Weißwein durchdämpfte Zwiebelwürfelchen hinzu und füllt mit etwas Brühe auf.

Der Hokkaidokürbis oder Oranger Knirps ist das große Kürbiserlebnis! Er kocht viel trockener und mürber aus und hat ein mildes Aroma, das keine Spur nach Kürbis schmeckt. Trotz seiner Festigkeit braucht er nie geschält zu werden. Es gibt ihn übrigens in orange und grün.
Er läßt sich lange lagern, wird dadurch aber fester und kocht nicht mehr so musig aus.

- sehr einfach -

Hokkaidokürbis-Schnitten vom Blech
- einfach schmelzend köstlich -

500-700 g Hokkaidokürbis	in 1 cm dicke Spalten schneiden. Ein Backblech mit Pergamentpapier auslegen, dick mit
Butter	bestreichen und in den sich aufheizenden Backofen schieben. Die Butter zerlaufen lassen. Die Kürbisspalten in die Butter drücken und mit
Kräutersalz	bestreuen. Die Spalten wenden, so daß sie auch obenauf gebuttert sind und nochmals mit etwas Kräutersalz bestreuen. 20-30 Minuten auf oberer Schiene bei 200 °C backen. Sollten die Spalten dicker geraten sein, einmal zwischendurch wenden.

Einfach zusätzlich servieren, um ein herberes Gemüse zu begleiten oder auch z. B. Gemüseplatten aller Art damit zu dekorieren.
Man kann sie auch neben einem Auflauf gleichzeitig mitbacken.
Dazu paßt wunderbar Naturreis (S. 200) und der Quark-Nußmus-Dip von S. 141 oder je nach Jahreszeit die Kräuter-Schäume von S. 19.

- einfach -

Hokkaidokürbis-Zucchini-Pfanne mit Mangochutney

750 g Hokkaidokürbis mit Schale in Spalten und dann in kleine Würfel oder dünne Rechtecke schneiden. **200 g Zucchini** in Scheiben oder Halbmonde schneiden. **250 g Zwiebeln** in Halbmonde schneiden, in **1 EL Öl** fast glasig schmoren. Dann an den Pfannenrand schieben. Die Kürbiswürfel daneben geben, **1 Pr. Salz** drauf und unter Wenden anschmoren. Mit **½ Tasse Wasser** ablöschen, Deckel auflegen, 5 Minuten dünsten. Mit Zucchinis ebenso verfahren, aber kein Wasser mehr zugeben. Nun **1-2 TL sehr fein gewürfelten, frischen Ingwer** zugeben. **70 g Tomatenmark** und **2 EL Mangochutney**, mit etwas Wasser angerührt, gründlich untermengen. Nur noch bis zur Bißfestigkeit garen lassen.

Dazu passen Naturreis (S. 200) und geschnetzeltes Fleisch (S. 203) sehr gut.

Var.: - Das gleiche Rezept geht natürlich auch mit unserem normalen Gartenkürbis, dann aber die halbe Tasse Wasser weglassen.
  - 1 Stange Sellerie, in Scheiben geschnitten, von Anfang an mitgaren.

- braucht etwas Zeit -

Hokkaidokürbis mit Gewürzreis gefüllt

> Beginnen Sie mit dem Gewürzreis von S. 201. Während er kocht und ausquillt, bereiten Sie den Kürbis vor.
> **1 Hokkaidokürbis** von gut 1 kg Gewicht aussuchen. Einen Deckel abschneiden, Kerne entfernen. Einen Topf aussuchen, in den er ohne viel Freiraum hineinpaßt. Soviel Salzwasser hineingießen, daß der Kürbis ungefähr zu dreiviertel im Wasser steht. Zum Kochen bringen
> **4 TL frischen geriebenen Ingwer** (Vierkantreibe: feine Lochung). Die Hälfte davon in den Reis mischen. Das Kürbisinnere mit dem restlichen Ingwer und
> **etwas Pfeffer** ausstreuen. Den Gewürzreis einfüllen, zudecken und im leicht siedenden Wasser ca. 20 Minuten zugedeckt garen. Inzwischen bereiten Sie eine **schnelle Joghurtsoße** zu:
> **150 g Joghurt, 2 TL Honig,**
> **¼ TL Salz,**
> **¼ TL Zimt** und
> **¼ TL Curcuma** miteinander verrühren.
> Wenn der Kürbis gar ist - er läßt sich leicht mit dem Messer einstechen - ihn herausnehmen und auf einem großen Teller wie eine Torte anschneiden,
> mit der Joghurtsoße servieren.

Falls Sie trotz aller Arbeit auch noch die Mandeln rösten wollen - sie passen wunderbar dazu.

- einfach -

Hokkaidokürbis-Püree

500 g Hokkaidokürbis ohne die Kerne in Scheiben und (ungeschält) in kleine Würfel schneiden. (Dazu kann man schon ein gutes Kochmesser (S. 31) gebrauchen) **1 kl. Zwiebel** fein würfeln, in einem Topf mit **1 EL Butterschmalz** anschmoren, mit **1/2 Tasse Wasser** oder mehr ablöschen, die Kürbiswürfel hinzufügen. Ohne umzurühren, zugedeckt 15-20 Minuten sanft kochen lassen. **1 TL frischen Ingwer** fein reiben. **6 Blättchen Salbei** fein hacken und **½ TL Salz** hinzufügen, gut verrühren, kurz durchkochen lassen und mit **1 EL Butter** oder 100 g saurer Sahne pürieren.

Das ist ein exquisites, lieblich schmeckendes Püree, das farblich wie auch geschmacklich einen interessantes Kontrast zu allen grünen Gemüsen ergibt, wie z. B. Mangold, Rosenkohl, Brokkoli, Porree. Paßt auch sehr gut zu Quellreis (S. 200) oder die Gemüse-Reis-Pfanne (S. 202).

Var.: - ***Hokkaidokürbis-Käse-Soufflé:*** *Nehmen Sie knapp die Hälfte des Pürees, fügen Sie 100 g geriebene Pellkartoffeln, 120 g geriebenen Käse, ½ Tasse Milch, 1 Stich Butter, 2 Eigelb hinzu und lassen Sie die Masse unter sanfter Wärmezufuhr schmelzen. Dann werden die 2 Eiklar zu Schnee geschlagen und untergezogen. Alles in eine gefettete Auflaufform füllen und im vorgeheizten Ofen bei 200 °C auf der oberen Schiene 25 Minuten backen. Dieses Soufflé ist sehr gehaltvoll und reicht als alleinige Beilage.*

Kartoffeln

Warum ist die Zubereitung als Pellkartoffel einfach ideal?- Sie ist die einfachste und schnellste Zubereitungsart.- Die meisten Vitamine und Mineralstoffe werden beim Kochen von der Schale vor dem Auslaugen bewahrt (wenn man sie dämpft, sogar alle).
Sie werden auch nicht wie bei Salzkartoffeln durch das Schälen vermindert und durch eventuell vorheriges Liegen im Wasser ausgelaugt. Kartoffeln sind nämlich reich an Vit. C, B1 und Niacin, an Magnesium und Eisen. Sie decken z. B. ca. 30 % unseres Tagesbedarf an Vit. C, es sei denn, man hält sie zwei Stunden warm. Auch die langgelagerte Kartoffel ist am Ende des Winters nicht mehr der große Vit. C-Spender.

Der Eiweißgehalt der Kartoffel ist mit 2 % zwar gering, aber in der Art der Eiweißbausteine sehr hochwertig. Kommt z. B. auf 700 g Kartoffeln nur 1 Ei hinzu, entsteht für unseren Bedarf die günstigste Eiweißzusammensetzung , die bei einer Kombi-nation überhaupt erreicht werden kann (höher als tierisches Eiweiß alleine). Kartoffeln gehören zu den stärkereichen Lebensmitteln und machen daher so satt und zufrieden. Aber wer ist hier wohl der Dickmacher,
                                                 die Kartoffeln?
100 g Pellkartoffeln haben 85 Kalorien,
100 g Pommes frites   *270 Kalorien und*
100 g Kartoffelchips   *568 Kalorien*   **- oder das Fett?**

Die tolle Knolle aus dem ökologischen Landbau ist weniger pestizidbelastet und enthält weniger Nitrat. Sie wird bei der Winterlagerung nicht mit Antikeimmitteln behandelt und kann daher bis ins Frühjahr hinein als Pellkartoffel gegessen werden.

- einfach -

Kartoffelbrei mit Käse
- dem französischen Aligot nachempfunden -

800 g Kartoffeln	- möglichst mehlig-festkochende Sorten wie z. B. Aula oder Bintje- schälen, vierteln.
2 Zehen Knoblauch	pellen, zu den Kartoffeln geben und beides knapp mit Salzwasser bedeckt garen.
130 g Käse	(z. B. Gouda oder Backkäse) reiben. Die garen Kartoffeln samt Knoblauch durch die Kartoffelpresse drücken. Das Kartoffelwasser vorläufig aufheben.
130 ml Sahne	und den Käse zum Kartoffelmus geben. Mit dem Pürierstab alles mixen, bis es ziehig wird. Evtl. etwas Kartoffelwasser zugeben, damit es geschmeidiger wird.

Sollte ein Rest bleiben - was mich wundern würde - läßt er sich prima als Haube für einen Gemüseauflauf verwenden. Dazu ein Einschnee unterheben, um die Haube luftiger zu machen.

- einfach -

Kartoffelplätzchen
- aus alten Pellkartoffeln -

---

300 g Pellkartoffeln, z. B. Rest vom Vortag fein oder grob raffeln (aber nicht pürieren, da sie sonst kleisterähnlich werden können).
2-3 Eier trennen. Die Eigelbe,
1 TL Salz und
1 TL gem. Koriander mit den Kartoffeln mischen. Die Eiweiße zu Schnee schlagen und sanft unterziehen. Die Masse soll weich sein.
1 EL Kokosfett in einer Edelstahlpfanne recht heiß werden lassen oder eine beschichtete Pfanne benutzen, die nur normal erhitzt wird. Vier gehäufte Eßlöffel Kartoffelmasse hineingeben und etwas flachdrücken. Von beiden Seiten gold-gelb backen, 1. Seite ca. 3 Minuten, 2. Seite ca. 2 Minuten. Auf einen gewärmten mit Küchenkrepp ausgelegten Teller gleiten lassen. Den Rest unter erneuter Fettzugabe fertig braten.

Var.: - 80 g geriebenen Käse in die Masse rühren.
-grob gehackte Kräuter von Petersilie über Schnittlauch zu Estragon, Zitronenmelisse oder Thymian zufügen.

Minibratkartoffeln

Aus den minikleinen Kartoffeln, die eigentlich keiner haben will, machen wir uns einen Hochgenuß:
Wir kochen sie in der Schale und pellen sie, wobei es unwichtig ist, ob sie heiß bleiben oder nicht. Dann braten wir sie in Gänze mit knusprig braunen Bäckchen in etwas Butterschmalz. Ein paar Krümel Salz drauf und fertig!

Zwei Kartoffelgerichte aus dem Ofen: - einfach -

Kartoffelauflauf

1 kg Kartoffeln, vorwiegend festkochend, schälen, hobeln, **2 Zehen Knoblauch** fein würfeln. **150 g Sahne** und **200 ml Milch** mit ½ **TL Salz und Pfeffer** verquirlen. Über die Kartoffeln gießen. **80 g Gouda** reiben, auf den Kartoffeln verteilen. Einige **Butterflöckchen** aufsetzen. In den kalten Ofen schieben und 45 Minuten bei 200 °C backen.

- sehr einfach -

Puffkartoffeln

Ca. 1 kg Kartoffeln schälen und in unregelmäßige, mundgerechte Happen von ca. 1,5 cm Dicke und 3 cm Länge schneiden. Ein Backblech mit **Butterschmalz** einpinseln. (Öl wäre zwar bequemer, verharzt die Bleche aber auf die Dauer.) Die Kartoffelstücke draufsetzen und in den heißen Backofen schieben, bei 200 °C ca. 20-30 Minuten backen, bis sie bräunliche Kanten haben. Sie sind dann richtig etwas aufgepufft. Sie schmecken ähnlich wie Pommes frites, ohne fett zu sein.

Rettich

*Das ganze Jahr über können wir uns bei ihm Hilfe holen und z.B. unsere Verdauungsdrüsen von ihm anregen lassen.
Seine Senföle zeigen Diät- und Heilwirkung.
Es gibt ihn als den bekannten langen weißen, als roten Sommerrettich und als schwarzen und violetten Winterrettich.
Die beiden letzten sind etwas fester in der Konsistenz und schärfer.
Genau wie Radieschen und Meerrettich ist Rettich am besten für den Frischverzehr geeignet
Seine Zubereitung ist denkbar einfach!*

Keine Brotzeit ohne Radi!

- *Am einfachsten geht es wie zur bayrischen Brotzeit: hobeln, ein paar Salzkrümel drauf, weinen lassen und aufs Butterbrot legen.*
- *Sehr lecker ist es auch, ihn in gerösteten und mit Salz gequetschten Sesam (S. 88) zu dippen.*
- *Man sollte wissen, daß er fein wie Meerrettich geraspelt einen kräftigeren Geruch entwickelt, aber gesundheitlich besonders wirkungsvoll ist.*

Dekorativer Rettich-Salat mit Kürbiskernsoße

50 g (ca. 5 EL) Kürbiskerne
1 EL kaltgepreßtes Distelöl
1-2 EL Zitrone
3 EL Wasser und
je 1 Pr. Salz und Pfeffer in einem hohen Rührbecher mit dem Pürierstab oder im Mixer gründlich zerkleinern.
6 EL Sahne zum Schluß mitmixen, bis die Soße eine dickliche Konsistenz hat - evtl. noch mit
1-2 EL Wasser verdünnen.
200-300 g Rettich (schwarze, weiße oder rote Sorte) bürsten, nicht schälen, aber Wurzel und Blattansatz wegschneiden, längs halbieren und sehr fein hobeln.
2 rote Äpfel mit Schale vierteln, Kerngehäuse entfernen, in dünne Scheiben schneiden. Die Scheiben zusammenlassen, aber fächerig auseinanderschieben, wenn sie auf die Platte gelegt werden. Den Rettich daneben legen und beides mit einem Gemisch aus
2 EL Zitrone und
2 EL Wasser beträufeln.
Nun etwas Grünes und evtl. Rotes dazu:
2 Handvoll Feldsalat oder feine Chinakohlstreifen und / oder Kresse
1 rote Paprika (wenn die Jahreszeit es hergibt) in Streifen geschnitten.
Grünes und Rotes neben Rettich und Äpfeln hübsch anrichten. Für die Kürbiskernsoße eine Nische suchen oder in die Mitte geben, so daß sie mit allem etwas in Berührung kommt.

Rote Bete

Die Rote Bete (Rande oder Rote Rübe) ist eine Verwandte der Runkel- oder Futterrübe mit lauter guten Eigenschaften: Sie wirkt blutbildend, harntreibend usw. und wird auch in der Krebstherapie mit Erfolg eingesetzt.

Sie ist preiswert, steht uns den ganzen Winter bis ins Frühjahr hinein zur Verfügung und ist in der Küche vielseitig verwendbar - nicht nur als Sauerkonserve.

Geringe Beimischungen zu Frischkosten (ca. 10 g / Pers.) ergeben eine fruchtige Note, größere Mengen roh geraffelt lassen jedoch einen deutlich erdigen Charakter erkennen. Gekocht schmecken sie überraschend süß und lassen sich daher mit anderen Gemüsen und Obst zu herzhaft fruchtigen Gerichten verarbeiten.

Leider ist die Rote Bete ein Nitratsammler. Daher ist jeder gut beraten, sie nur aus dem ökologischem Landbau zu beziehen. Anerkanntermaßen ist dort die Nitratbelastung geringer. Mit Gründüngung und Kompost läßt sich eben nicht so einfach so viel Stickstoff in den Boden einbringen wie mit synthetischer Stickstoffdüngung. -Wer dennoch Sorge um seine Gesundheit hat, kann den fertigen Speisen eine gute Portion Zitronensaft zusetzen oder als Getränk dazu oder danach servieren, denn Vit. C behindert die Umwandlung des Nitrits in die krebserregenden Nitrosamine (s. auch bei Spinat), das fettlösliche Vit. E ebenso.

Rote Bete-Frischkost mit Meerrettich
- Meerrettich ist ein sehr guter Begleiter zur Roten Bete -

4 EL Zitronensaft
3 TL Meerrettich aus dem Glas oder frisch gerieben,
je 1 Pr. Salz und Pfeffer und
4 EL saure Sahne zu einer Soße verrühren.

Diese Zutaten sofort in die Soße geben:
200 g Rote Bete fein geraffelt,
400 g Äpfel mit Schale, aber ohne Kerngehäuse, grob geraffelt oder
2 Apfelsinen, in Würfel geschnitten.
3 Stgl. Zitronenmelisse oder Petersilie, fein gehackt.
1 Blättchen zum Dekorieren draufsetzen.

Var.: -.Zusätzlich Haselnüsse oder 3 EL Kokosraspel verwenden.
- *Fügen Sie noch einen kleinen Teil, z. B. 50 g fein geraffelten Sellerie oder Pastinake hinzu.*
- *Tauschen Sie den Meerrettich gegen 1 TL gem. Anis (möglichst frisch) aus und nehmen Sie dann eher Apfelsinen als Äpfel und wenn vorhanden, noch 200 g grob geraffelten Gartenkürbis.Die geschmackliche Veränderung wird Sie überraschen.*

Zu guter Letzt richten Sie alle Varianten auf grünen Salatblättern an, erstens, weil es toll aussieht und zweitens, weil es eine gute Ergänzung ist, die natürlich mitgegessen wird.

- braucht etwas Zeit -

Cordulas Borschtsch
- eine leichte, fruchtige Gemüsesuppe -

300 g Rote Bete putzen, ungeschält würfeln, kleiner als 1 cm,
100 g Möhren dünn schälen, in Scheiben schneiden,
1 Stg Porree in Ringe schneiden. Alles in
3 EL Butterschmalz anschmoren,
1 ½ l Gemüsebrühe angießen und vom Kochen an 10
    Minuten garen lassen. Inzwischen
500 g Kartoffeln schälen und in Scheiben schneiden.
150 g Weißkohl in Streifen schneiden.
100 g Zwiebeln würfeln.
    In der genannten Reihenfolge in die Suppe
    geben. Nun würzen mit
2 Lorbeerblättern
6 Nelken
1 TL ganzen Pfefferkörnern und
1 TL ganzem Kümmel.
    20 Minuten sachte kochen lassen.
    Abschmecken mit
1 Knoblauchzehe, zerdrückt,
3 EL Tomatenmark
3 EL Obstessig
1-2 TL Kräutersalz und noch
etwas Pfeffer. Zum Abschluß
200 g saure Sahne oder aufgequirlten Joghurt unterrühren und
    servieren.

Zugegeben, hier steckt etwas Handarbeit drin. Aber die Mühe lohnt sich. Ist die Suppe gut angekommen, kocht man beim nächsten Mal gleich die doppelte Menge.

- einfach - aber Garzeit ca. 30 Minuten -

Rote Bete mit Zucchini und Birnen - pfannengerührt

---

400 g Rote Bete bürsten, Blattansatz und Wurzel entfernen. Ungeschält klein würfeln, ca. ½ cm dick. In
1 EL Butterschmalz anschmoren.
1 Pr. Salz zufügen. Unter gelegentlichem Wenden oder Schütteln der Pfanne zugedeckt und bei kleiner Flamme 15 Minuten schmoren. Falls es zu trocken erscheint,
1-2 EL Wasser zugeben.
400 g Zucchini in ca. 1 cm dicke Würfel schneiden. Neben die Rote Bete in die Pfanne geben und mit
2 Pr. Salz anschmoren. Wenn nötig, mit knapp
½ Tasse Wasser oder Apfelsaft ablöschen, umrühren und zudecken. Noch ca. 10 Minuten dünsten lassen.
400 g feste Birnen (aber reife) ungeschält achteln, Kerngehäuse entfernen und in Scheiben schneiden. Unter das Gemüse mischen und noch 5 Minuten dünsten lassen.

Dazu paßt Polenta mit Käse (S. 169), Kartoffelplätzchen (S. 132), Puffkartoffeln (S. 133) oder Linsen als Beilage (S. 178) und als Soße 100 ml milde Meerrettichsahne oder Quark-Nußmus-Dip (S. 141).

Var.: - Eine besondere Farbenpracht erzielen wir, wenn wir statt Zucchini und Birnen 100 g Porree in Ringen und 300 g Garten- oder Hokkaidokürbis in 1 cm Würfeln dazugeben und 10-15 Minuten mitschmoren.

- schnell, wenn die Rote Bete schon gekocht ist, was man nebenbei am Morgen oder am Vortage machen kann.

Rot-gelb
Geschmorte Äpfel mit Rote Bete

500 g Rote Bete in gänze knapp mit Wasser bedeckt kochen (Nicht anschneiden, sonst bluten sie aus). Das dauert je nach Dicke 1-1,5 Stunden. Aus dem Wasser nehmen, etwas abkühlen lassen, dünn schälen / pellen, in ½-1 cm große Würfel schneiden oder die Knollen vierteln und scheibeln.
1 Zwiebel (mind. 50 g) würfeln, in
10 g Butter anschmoren.
500 g Äpfel mit Schale vierteln, Kerngehäuse entfernen, in nicht zu dünne Scheiben schneiden. Zu den Zwiebeln geben.
1 TL Schabziegerklee und
etwas Salz zugeben. Die Hitze zurückstellen, Deckel auflegen und 5 Minuten schmoren lassen. Jetzt die Rote Bete untermengen.
1 TL gem. Anis oder Fenchel und noch
etwas Salz und Pfeffer zugeben. Mit
200 ml saurer Sahne kurz durchkochen, bis die Rote Bete Eßtemperatur hat.
1-2 EL geriebenen Meerrettich untermischen und servieren.

Schmeckt fruchtig, süß-säuerlich.
Paßt gut zu gefüllten Pfannkuchen, (S. 195), Polenta mit Käse, (S. 169), Weizen-Käse-Klößchen, (S. 191), Käsekartoffelbrei (S. 131), Steckrübenpüree (S. 156), Hokkaidokürbispüree oder -soufflé (S. 129).

- einfach -

Rote Bete-Hokkaidokürbis-Gemüse

250 g **Hokkaidokürbis** ungeschält in Spalten und dann in dünne Scheiben schneiden. 500 g **Rote Bete** ungeschält fein raffeln. 250 g **Kartoffeln** schälen und in kleine Würfel schneiden. 1 mttl. **Zwiebel** (ca. 100 g) würfeln und mit 1 EL **Butterschmalz** in einer großen Pfanne anschmoren, die geraffelte Rote Bete kurz darin wenden. ½ l **heißes Wasser** angießen, mit ½ **Gemüsebrühwürfel** würzen, die Kartoffeln und den Kürbis hinzugeben und ca. 15 Minuten zugedeckt sanft kochen lassen, mit **Salz, Pfeffer** und 1 TL gem. **Anis** abschmecken (auch Meerrettich, Kümmel oder Koriander sind möglich).

Dazu einen **Quark-Nußmus-Dip** herstellen:

100 g **Quark** (Magerstufe) 150 g **Joghurt** 1 EL **Walnußöl** 1 EL **Nußmus** 1 EL **Zitronensaft** und 2 TL **Sojasoße** mit dem Pürierstab aufschlagen.

Zu beiden paßt das Hokkaidokürbispüree (S. 129), andere Pürees oder das gehaltvollere Hokkaidokürbissoufflé (S. 129).

Var.:- Wenn sie kein Walnußöl haben, nehmen Sie Distel- oder ein anderes milde schmeckendes Öl und verdoppeln den Nußmusanteil.

Sellerie

Er wächst uns in unseren Breiten in erstaunlicher Üppigkeit zu und dennoch haben wir zu ihm nicht die Zuneigung entwickelt, die er eigentlich verdient. Das liegt zweifellos an seinem herben Aroma, nicht an all den guten Inhaltsstoffen, die er uns bietet. Daß er die Fortpflanzungsorgane anregt, ist kein Aberglaube. Er ist aber auch gut für die Nieren, die innere Reinigung, bei Gicht, Nervosität usw.
Wir kennen ihn am besten als Knolle. Es gibt aber auch den Schnittsellerie ohne Knollenbildung und den Stangen- oder Bleichsellerie, der durch die Art des Anbaus hell gehalten wird. Alle Sorten sind roh wie gekocht zu verzehren.
Im bekannten Waldorfsalat, in dem er roh mit Äpfeln kombiniert wird, gewinnt die Knolle an unerwartetem Wohlgeschmack und wird auch Kindern zugänglich. Also paßt immer Fruchtiges gut zu Sellerie.
Auch gekocht gibt es neue erfreuliche Rezeptkreationen. Es wäre auch zu schade, ihn nur als Suppenkraut zu nutzen, da er uns in Form der Knolle in Fülle und ausdauernder Frische den ganzen Winter über zur Verfügung steht.

Sellerie-Frischkost

Reichlich Soße und fruchtige Obstbeigaben sind die richtigen Begleiter.

---

2 EL Zitronensaft
½ -1 TL Honig
4 EL kaltgepreßtes Öl
½ EL Sojasoße
2-3 TL Senf
2-3 Msp. **Madras-Curry** und
100 g Sahne, halbgeschlagen, zu einer Soße verrühren.
Folgende Zutaten sofort in die Soße geben:
300 g Sellerie fein geraffelt,
2 Äpfel ohne Kerngehäuse, aber mit Schale in dünne Stifte geschnitten,
einige EL Orangensaft, falls der fertig gemischte Salat noch zu trocken erscheint.
100 g Haselnüsse grob gehackt, drüberstreuen. Einen Hauch **Kresse oder Alfalfa** draufsetzen.

Var.:. - 2 EL Rosinen, in dem Orangensaft eingeweicht, der sonst zusätzlich gedacht ist.
- *Statt Senf 2-3 TL Meerrettich verwenden.*
- *Statt der Äpfel 250 g Mandarinen, in Stifte geschnitten, gewürfelte Honigmelone oder blaue entkernte Trauben oder auch Ananas nehmen.*
- *Statt der Äpfel 2 reife Birnen, in Stifte geschnitten und 100 g Emmentaler, kleingewürfelt, nehmen.*
- *Statt des geraffelten Selleries 1 Stange Stangensellerie, 100 g fein geraffelte Möhren und 200 g grob geraffelten Gartenkürbis verwenden.*

Selleriescheiben - roh oder gekocht - gebraten

1. roh
600 g Sellerie gut bürsten oder dünn schälen, in bleistiftdicke Scheiben schneiden, mit **Zitronensaft** beträufeln. Auf einem Teller in **etwas Vollkornmehl** wenden. **2 Eier** mit **Salz und Pfeffer** verquirlen. Die Scheiben darin eintauchen, in **Kokosflocken** wenden und in **1 EL Butterschmalz** oder Kokosfett von beiden Seiten goldgelb ausbacken. Das dauert je Seite ca. 5 Minuten. Die fertigen Scheiben im Ofen bei 50° C warm halten.

Dazu passen Pellkartoffeln oder Käsekartoffelbrei (S. 131) und Poreegemüse (S. 117). Etwas Mangochutney oder süßsauer eingelegte Zwetschen oder Kürbis dazu gereicht, geben den besonderen Pfiff.

2. gekocht
Man kann den Sellerie auch vorher kochen. Das kann man lange vorher machen, und das Braten geht viel schneller. Dazu erhitzt man **1 ½ Tassen Gemüsebrühe**, halbiert die geschälten Knollen, gart sie zuerst 15 Minuten auf der Schnittfläche liegend, wendet und gart sie zu Ende. Dann schneidet man sie in 1 cm dicke Scheiben, paniert usw. s.o.

- braucht etwas Zeit -

Sellerie-Knäuel mit Rote Bete-Basilikum-Soße

800 g Sellerie putzen, dünn schälen, grob raffeln, in einer großen Pfanne in **2 EL Butterschmalz** 1-2 Minuten heiß anschwitzen. **1 Pr. Salz** drüberstreuen, mit **1 Schuß Apfelsaft** ablöschen, zudecken und noch 5 Minuten sachte dünsten. Zum Abkühlen in eine Schüssel geben. Sonnenblumenkerne in einer heißen trockenen Pfanne kurz rösten. Auf einen Teller schütten. **3-4 Eier** mit **4 EL Semmelmehl** **etwas Salz und Pfeffer** verquirlen, mit dem Sellerie und **3 EL gerösteten Sonnenblumenkernen** mischen. Mit nassen Händen Laibchen formen, etwas flachdrücken und in **2 EL Butterschmalz** von beiden Seiten knusprig braten.

Rote Bete-Basilikum-Soße

1 Zwiebel (ca. 50 g) in **1 EL Butterschmalz** anschwitzen, mit **1/8 l Weiß- oder Rotwein** ablöschen, etwas einkochen lassen. **¼ l Sahne** angießen und so lange köcheln lassen, bis die Soße etwas cremig ist, ca. 10 Minuten. **50 g Rote Bete** roh, fein raffeln, in die Soße geben und alles mit dem Schneidstab pürieren. Nun **12 frische Basilikumblättchen**, gehackt, dazugeben, umrühren - wunderbar.

Var.: - Man kann diese Soße auch mit Anis, Fenchel oder Meerrettich abschmecken.

- einfach-

Selleriesuppe mit Orangensaft

1 EL Butter schmelzen lassen.
1-2 Zwiebeln (100 g) in Halbmonde und
1 Zehe Knoblauch in groben Würfeln darin anschwitzen.
400 g Sellerie und
300 g Kartoffeln schälen, grob würfeln, beides zu den Zwiebeln geben.
1 El gekörnte Gemüsebrühe oder 1 Brühwürfel hinzufügen.
Alles mit Wasser bedecken und vom Kochen an ca. 10 Minuten garen. Mit dem Schneidstab pürieren. Mit
¾ l Wasser und
150 ml Orangensaft (evtl. 3 Orangen auspressen) auffüllen.
Wieder erwärmen. Mit
4 EL saurer Sahne, mit etwas Suppe verquirlt,
Salz und Pfeffer und
etwas gem. Fenchel abschmecken.
3 EL Sonnenblumenkerne in trockener Pfanne unter Wenden rösten und erst kurz vor dem Servieren über die Suppe streuen oder extra reichen.
Noch vollständiger wird die Suppe, wenn man 3 Scheiben gewürfeltes Vollkornbrot in Butter anröstet und dazu reicht.

- braucht etwas Zeit -

Sellerie-Apfel-Auflauf

200 g Naturreis in	
280 ml Wasser aufsetzen und, wie auf S. 200 beschrieben, garen und quellen lassen. Oder einen Rest verwenden, der schon etwas trockener ist. Inzwischen	
500 g Sellerie	schälen, grob raffeln, in
3 EL Olivenöl	unter Wenden anschmoren, ca. 3 Minuten. Dann mit
½ Tasse Gemüsebrühe ablöschen, zudecken und in ca. 5 Minuten bißfest dünsten. Reis und Sellerie mischen, evtl. noch mit	
etwas Salz	abschmecken und in eine gefettete Auflaufform füllen. Den Backofen auf 200 °C einstellen.
200 g Äpfel	mit der Schale, aber ohne Kerngehäuse grob raffeln, mit dem Saft von
½ Zitrone beträufeln. Auf dem Selleriereis verteilen.	
80 g Haselnüsse grob raffeln und auf den Äpfeln verteilen.	
Butterflöckchen draufsetzen und 20 Minuten auf der mittleren Schiene überbacken.	

Sellerie und Äpfel passen sehr gut zusammen und machen dieses Gericht zu einer wahren Kinderspeise. Für die Soße rühren wir 1 Becher Joghurt mit gehackten Kräutern oder etwas gesüßtem Sanddorn zusammen. Auch der Quark-Nußmus-Dip von S. 141 paßt dazu.

Var.: - Statt des Naturreises die Haferbeilage von S. 197 verwenden.

Pastinaken

Auf der Suche nach Abwechslung beim hiesigen Wintergemüse ist die Pastinake wieder aufgetaucht, eines der inhaltsreichen Doldengewächse, auch Hammelmöhre genannt, gelb-weißlich in der Farbe und von besonders großen Petersilienwurzeln schlecht zu unterscheiden.

Geschmacklich ist sie zwischen Möhre und Petersilienwurzel angesiedelt. Sie ist schwach süßlich und hat daneben auch eine leichte Schärfe. Da sie relativ trocken ist, tut ihr etwas mehr Flüssigkeit beim Garen gut. Wein und fruchtige Säuren passen besonders gut zu ihrem Charakter und verwandeln sie in aparte Gerichte. Überall wo Möhren und Sellerie eingesetzt werden, kann auch die Pastinake genommen werden, aber sie gart schneller als diese.

Sie sind frosthart, können also im Frühjahr noch frisch aus dem Boden geholt werden. Lange gelagerte Pastinaken fühlen sich wattig an.
Suchen Sie sich beim Einkauf nur die kleinen und mittleren Exemplare heraus, da sie besser im Geschmack sind. Die großen sind manchmal merkwürdig übersteigert im Geschmack. Man kann sie gut roh essen, einfach eine kleine Menge fein raffeln und jeder beliebigen Frischkost beimengen.

Pastinaken-Frischkost

150 g Kefir 2 EL saure Sahne 1 EL Ahornsirup 1 Pr. Salz 3 EL Zitronensaft 1 TL Senf 1 TL **Madras-Curry** zu einer Soße verrühren.   Diese Salatzutaten sofort in die Soße geben: 1 kl. **Pastinakenwurzel (150-200 g)** sorgfältig unter Wasser bürsten, fein raffeln. 200 g **Gartenkürbis**, geschält, in dünne Scheiben hobeln, 2 **Äpfel**   mit Schale würfeln, Kernhaus entfernen und in dünne Scheiben schneiden. Das Krause von 2-3 **Chinakohlblättern** in dünne Streifen schneiden. 2 EL **Kürbiskerne** oder gehackte Haselnüsse zum Schluß drüberstreuen.

Var.: - Wenn kein Kürbis vorhanden ist, fein geraffelte Möhren oder gehobelten Topinambur nehmen.
   - Schmecken Sie die Soße deutlich mit Meerrettich ab und lassen Sie dann den Curry weg.

Lamm vorher 2 Tage - braucht Zeit, macht aber
in Buttermilch wenig Arbeit -
einlegen

Lammkeule* mit Knollenallerlei im beliebten Römertopf

Ca. 1 kg Lammkeule in
1 l Buttermilch 2 Tage marinieren. Dann trocknen, pfeffern,
salzen, in den gewässerten Römertopf legen.
1 EL getr. Rosmarin draufstreuen.
12 kl. Möhren und
8 kl. Pastinaken dünn schälen,
4 Petersilienwurzeln gut bürsten,
2 kl. Teltower Rübchen oben und unten beschneiden,
nicht schälen, evtl. halbieren.
1 Stck. Sellerie (ca. 100 g) putzen,
1 kl. schwarzen Rettich oben und unten beschneiden,
halbieren, nicht schälen.
Die Pastinaken und den schwarzen Rettich möglichst unten in den Topf legen, damit sie im austretenden Fleischsaft garen. Alle anderen Knollen über dem Fleisch verteilen. Sie garen langsam und schonend im entstehenden Dampf, wodurch ihr Eigengeschmack zu einer Köstlichkeit konzentriert wird.
Den Römertopf zudecken und in den kalten, auf 200 °C eingestellten, Backofen schieben. 2 Std. sollten Sie rechnen.
4 mittl. Zwiebeln und
6 gr. Zehen Knoblauch pellen. Beides 15 Minuten vor Ende der Garzeit in den Römertopf geben.
Den Bratensaft mit
1 EL Naturreis, fein gemahlen, einmal aufkochen und mit
Rotwein abschmecken.

* Stattdessen geht natürlich auch Rind- oder Schweinefleisch.

- einfach -

Pastinaken in Weißwein gedünstet

700 g Pastinaken bürsten, wenn sie älter sind, dünn schälen (meist sind die Schalen ganz unauffällig). In 5 cm lange Stücke schneiden, längs halbieren und je nach Dicke vierteln oder achteln, so daß alle Stücke in etwa gleich dick sind. In einem weiten Schmortopf oder einer Deckelpfanne **1 EL Butterschmalz** und **1 ½ Tassen Weißwein** (oder halb trockenen Sherry, halb Wasser oder wegen der Kinder Apfelsaft!) erhitzen und die Pastinaken darin zugedeckt 15 Minuten dünsten. Ab und zu wenden. Bis zur Gare soll immer etwas Flüssigkeit vorhanden sein. Gegebenenfalls eßlöffelweise Wasser nachgießen. **1 Pr. Salz** drüberstreuen.

Dazu eine sanfte, helle Hirsesoße, wie auf S. 164 in der Grundform beschrieben, Grünkern-Mettbällchen (S. 193), Kichererbsen-Dukaten (S. 184) oder den afghanischen Reis (S. 201).

Var.: .-. ½ TL Curry in dem Butterschmalz anrösten und dann mit dem Wein fortfahren
- *2-3 Karotten dünn schälen, genauso schneiden wie die Pastinaken und gleich mitdünsten (ergibt einen interessanten Geschmacksunterschied).*
- *200 g Lauch in 5 cm lange Stücke schneiden, evtl. längs halbieren, gleich mitschmoren, mit Muskat würzen. Alles in eine Auflaufform legen, mit der Hirsesoße übergießen, mit 4 EL geriebenen oder gehackten Haselnüssen überstreuen. Butterflöckchen oben drauf setzen und bei 200 °C 20 Minuten überbacken.*

- einfach -

Bananen-Pastinaken mit Rote Bete

Die Bananen geben diesen beiden rustikalen Wurzelknollen ein fast exotisches Aroma.

200 g Rote Bete	putzen, ungeschält in kleine Würfel schneiden, ca. 0,5 cm Kantenlänge. In
1 EL Olivenöl	oder Butterschmalz kurz anschmoren, mit
3 EL Wasser	ablöschen und zugedeckt 10 Minuten sanft dünsten.. Inzwischen
350 g Pastinaken	putzen, auch ungeschält in fast ebenso kleine Würfel schneiden, neben die Rote Bete in die Pfanne geben.
1 ½ Tassen herben Weißwein	angießen und zugedeckt 10 Minuten sanft dünsten lassen.
1-2 Pr. Salz	drüberstreuen
1 gr. Apfel	mit Schale würfeln,
2 Bananen	scheibeln. Beides untermischen und noch 5 Minuten sachte garen - fertig!

Dazu passen Naturreis (S. 200), Hirse (S. 194) oder Polenta (S. 169) mit saurer Sahne gereicht.

Var.: - Bananen und Apfel weglassen - ist auch sehr interessant.
- Wer den Wein wegen der Kinder meiden möchte, nimmt stattdessen Apfelsaft und erhält eine ausgesprochen kindgerechte Speise.
- zusätzlich mit Curry abschmecken.

- braucht Zeit -
- für 6 Pers. -

Pastinaken-Eintopf

½ l **Gemüsebrühe** in einem großen Suppentopf zum Kochen bringen.
400 g Kochfleisch (Rind) im Ganzen zugeben und 30 Minuten vorkochen lassen.
Inzwischen das Gemüse vorbereiten:
700 g Pastinaken dünn schälen, in Scheiben oder halbe Scheiben schneiden.
200 g Möhren
150 g Sellerie und
300 g Kartoffeln schälen und würfeln,
150 g Zwiebeln pellen, würfeln
2 Äpfel mit Schale, aber ohne Kerngehäuse, würfeln
300 g grüne Brechbohnen abfädeln, brechen (oder gefrorene verwenden).
Wenn das Fleisch vorgekocht ist, alles Gemüse auf das Fleisch häufen.
1 Gemüsebrühwürfel zerbröselt, drüberstreuen oder 1-2 EL gekörnte Brühe nehmen.
200 g Bremer Gekochte in Scheiben oben drauf legen.
Dann alles wieder zum Kochen bringen und ca. 20 Minuten sanft kochen lassen. Mit
Pfeffer und Salz abschmecken.
Das Fleisch in Würfel schneiden.

Var.: -Zweige verschiedener Kräuter mitkochen, z. B. 4 Zweige Estragon, 4 Zweige Thymian oder 3 Zweige Bohnenkraut oder entsprechende getrocknete Kräuter verwenden. Die Zweige vor dem Servieren entfernen.
- *Das Rindfleisch zuerst in Kokosfett anbräunen, dann die Gemüsebrühe angießen und fortfahren.*

Steckrüben

Steckrüben, auch Kohlrüben oder Wrucken genannt, - wegen ihrer Robustheit Helfer in Kriegs- und Notzeiten - gehören heute zu den verdrängten Gemüsegenüssen, wenngleich den ganzen Winter über reichlich vorhanden. Beliebt sind immer noch die Eintöpfe mit "ordentlich was drin". In der feineren Küche tauchen sie zu Winterzeiten als leckere Pürees auf. Dazwischen liegen noch einige interessante Möglichkeiten für herzhafte und preiswerte Wintergerichte.

Steckrüben nicht zu lange kochen. Je länger sie gekocht werden, desto "rübiger" schmecken sie.

Annes Steckrüben-Frischkost

250 g Joghurt   **3 EL kaltgeschl. Öl**   **½ Zitrone**   **½ TL Akazienhonig**   **1 TL Senf** zu einer Soße zusammenrühren.   **300 g Steckrüben** schälen, grob raffeln.   **1 Apfel** mit Schale in Würfel schneiden.   **1 Apfelsine** zerteilen und die Spalten in Stücke schneiden.   Alles fortlaufend in die Soße geben und vermischen.   **2 EL geröstete Sonnenblumenkerne** drüberstreuen.   Je feiner Steckrüben geraffelt werden, desto mehr entwickelt sich der Rübengeschmack, also ist grob raffeln angeraten.

Steckrüben-Sellerie-Frischkost mit Rauke

Die Roquefort-Soße von S. 33 zusammenrühren und mit   **1 TL Senf** verstärken.   **150 g Steckrüben** schälen, grob raffeln.   **150 g Sellerie** dünn schälen, fein raffeln.   **100 g Blumenkohl** in sehr kleine Röschen teilen.   **1 Handvoll Rauke** trocken schleudern, in Streifen schneiden.   Alles fortlaufend in die Soße mischen.   **2 EL grob gehackte Nüsse** und   **2 EL Sprossen**, Kresse usw., wenn vorhanden, drüberstreuen.

- einfach -

Steckrübenpüree wie Samt und Seide

750 g Steckrüben, in Scheiben schneiden, schälen und würfeln, ebenso
2 Möhren (ca. 200 g) und
300 g Kartoffeln schälen und würfeln.
¾ **l Gemüsebrühe** aufsetzen, Gemüse hineingeben und 30 Minuten garen.
Gemüsebrühe abgießen, aber aufheben.
Gemüse pürieren.
30 g Butter darin schmelzen lassen.
So ist der Samt eine Kinderspeise!
Wer mehr Pep braucht, fügt Pfeffer und Majoran hinzu. Sehr gut ist auch etwas Senf.

Paßt gut zu Bratlingen (S. 192), Fleisch, Rosenkohl (S. 105), Brokkoli (S. 92).

Variation und Erweiterung mit **Enten- oder Gänseklein***: Vorweg etwas Enten- oder Gänseklein kochen. In dieser Kochbrühe dann die Steckrüben garen. Das Püree bereiten und das kleingeschnittene und entbeinte Fleisch dazu servieren.*

Steckrüben-Creme-Suppe

Aus einem eventuell verbleibenden Rest kann man eine Cremesuppe bereiten, indem man die Kochbrühe mit
1 EL fein gemahlenem Naturreis andickt, das Püree einrührt und
etwas Sahne hinzufügt. Noch etwas nachwürzen.

156

- braucht etwas Zeit -

Steckrüben-Gratinée
- Johannes Vorschlag -

900 g Steckrüben	in Scheiben schneiden, schälen und in 1 cm dicke Würfel schneiden.
200 g Möhren	dünn schälen, würfeln. Beides in
¼ l Gemüsebrühe	15 Minuten kochen lassen (nicht länger!). Inzwischen
3 gestr. EL Vollkornmehl	(ca. 100 g) in einem trockenen Stieltopf unter Rühren andarren, bis es schön duftet. Zum Abkühlen auf einen Teller schütten. Im gleichen Topf in
2 EL kaltgeschlagenem Öl (oder Gänseschmalz)	
3 gewürfelte Zwiebeln	(ca. 100 g) anschmoren.
200 ml Wasser	angießen und das angedarrte Mehl einrühren.
150 ml Sahne	hinzufügen und 10 Minuten unter gelegentlichem Umrühren einkochen lassen. Steckrüben und Möhren abtropfen lassen, in eine Auflaufform legen.
Etwas Pfeffer	darübermahlen. Die Soße drübergeben.
65 g Gouda	reiben, auf dem Auflauf verteilen und im Ofen bei 200 °C überbacken.

Var.: - Zusätzlich ca. 200 g Rosenkohl knapp mit Wasser bedeckt 8 Minuten garen, abgetropft auf den Steckrüben verteilen, mit Muskat würzen und dann den Käse drüberstreuen. Macht sich geschmacklich und farblich sehr gut.

Finnischer Steckrübenauflauf

1 kg Steckrüben schälen, würfeln, mit   **½ l Wasser**   **2 TL Salz**   **2 TL Rübensirup** in ca. 20 Minuten weich kochen. Danach pürieren. Inzwischen   **50 g Vollkornbrösel** in   **4 EL Sahne** einweichen.   **3 Eigelb** dazugeben, ebenfalls   **etwas Muskatnuß** und   **Pfeffer**.   **3 Eiweiß** steif schlagen.   Eine Auflaufform fetten.   Die eingeweichten Brösel mit dem Püree mischen. Das steife Eiweiß sanft unterheben. Herzhaft abschmecken und in die gebutterte Auflaufform geben, mit   **20 g Butterflöckchen** besetzen und bei 200 °C auf der oberen Schiene in ca. 20 Minuten überbacken.

Dazu paßt Spinat aus der Tiefkühltruhe, Rosenkohl (S. 105), Bratlinge (S. 192), Würstchen u.a.

Var.: - Wenn Sie zwei Drittel Steckrüben und ein Drittel Kartoffeln, Möhren oder Pastinaken nehmen, erhält der Auflauf einen besonders milden Geschmack.
- Noch 50 g geriebenen Gouda vor dem Backen drüberstreuen.

- braucht etwas Zeit -
- für 6 Personen -

Cordulas Steckrübentopf

1 kg Steckrüben schälen, in ca. 2 cm lange Stifte schneiden.
500 g Kartoffeln in größere Würfel schneiden.
2 Zwiebeln würfeln.
60 g Butterschmalz in einem weiten Topf zerlassen.
2 EL Vollrohrzucker oder Melasse darin auflösen. Die Steckrüben dazugeben und 3 Minuten unter Wenden anschmoren. Die Kartoffeln und Zwiebeln dazugeben.
1 l warmes Wasser mit
½ Gemüsebrühwürfel verrührt aufgießen, würzen mit
2 TL Senf
½ TL Pfeffer aus der Mühle
2 TL Majoran und
1 TL Salz. In ca. 30 Minuten weich kochen. Flüssigkeit mit
2 EL Haferschrot oder -flocken binden, mit
150 g saurer Sahne geschmacklich abrunden und mit gehackter Petersilie überstreuen.

- einfach, braucht aber etwas Zeit -

Steckrüben - Hokkaidokürbis - Eintopf

800 g Hokkaidokürbis aufschneiden, Kerne entfernen, ungeschält in Scheiben und dann in Würfel schneiden.
800 g Steckrüben in Scheiben schneiden, schälen und würfeln.
1 l Gemüsebrühe in einem großen Topf zum Kochen bringen, Kürbis- und Steckrübenwürfel hineingeben.
1 Suppengrün würfeln, ebenfalls zugeben.
2 EL getr. Majoran drüberstreuen.
2 Kochwürste drauflegen und alles 15 Minuten kochen lassen. Dann auf Gare testen. Die Rüben sollten nicht zu lange kochen. Je länger sie kochen desto "rübiger" schmecken sie. Die Kochwurst in Scheiben schneiden, noch kurz mitkochen lassen, evtl. noch
1-2 Kartoffeln schälen, grob würfeln, mit der elektrischen Gemüseraffel fein reiben und am Schluß 1 Minute mitgaren lassen. Dadurch wird der Eintopf schön sämig. Mit
3 TL Senf
Salz und Pfeffer und evtl. noch
etwas Majoran abschmecken.
½ Bund Petersilie hacken,
1 Lauchzwiebel in Röllchen schneiden. Beides drüberstreuen.

Var.: - *Noch 150 g Sellerie, 250 g Karotten, 1-2 Petersilien wurzeln, gewürfelt, zugeben und in insgesamt 1 ½ l Brühe garen.*
  - *300 g Bremer Gekochte in Scheiben zusätzlich im Eintopf reichen.*

- einfach, braucht aber etwas Zeit -

Steckrüben in Reis mit Ingwer

700 g Steckrüben in Scheiben schneiden, schälen, und in kleine Würfel schneiden. **3 Zehen Knoblauch** klein würfeln, **2 Scheibchen frischen Ingwer** klein würfeln, beides in einem weiten Topf in **1 EL Butter** anschmoren. Die Steckrüben und noch **50 g Butter** hinzugeben. Alles vermischen, zudecken und in ca. 15 Minuten glasig schmoren. Hin und wieder wenden. Inzwischen **1 gr. Stg Porree (300 g)** in Ringe schneiden und dazugeben. **½ Tasse Reis** grob schroten, in **½ l Milch** verrühren, ebenso **½ Gemüsebrühwürfel** oder gekörnte Brühe in der Milch verrühren, über die Steckrüben gießen und noch 15 Minuten auf kleinster Flamme köcheln lassen, ohne erneut umzurühren.

Dazu paßt Rosenkohl (S. 105), Brokkoli (S. 92), gebratene Zwiebeln mit Pilzen, Rübstiel wie Spinat zubereitet, Spinatpfanne auf koreanisch (S. 46) und auch Fleisch, z. B. geschnetzeltes Rindfleisch (S. 203) oder Würstchen.

Schwarzwurzeln

Sie sind fast vergessen, aber es lohnt sich, sich wieder mit ihnen zu beschäftigen. Sie schmecken lieblich, wirken beruhigend, sind zart in der Konsistenz und anspruchslos in der Zubereitung. Sie sind das ideale Gemüse für Soßenliebhaber. Außerdem stehen sie uns den ganzen Winter über aus hiesigem Anbau zur Verfügung.

Heutzutage läßt sich der rauhen, schwarzen Schale mit dem modernen Spargelschäler(s. S. 56) mühelos beikommen, so daß der harzige Saft nicht viel Zeit hat, die Finger zu bekleben. Für den Fall der Fälle läßt er sich mit Waschbenzin oder Terpentin entfernen (na ja!).

Schwarzwurzeln enthalten relativ viel des Schutzvitamins E, das sonst hauptsächlich in Nüssen, Getreide und Pflanzenölen vorkommt.

- einfach -
Schwarzwurzeln Ausgangsrezept

700-800 g Schwarzwurzeln unter Wasser bürsten, die Enden beschneiden, mit dem Spargelschäler flink schälen. Jede Stange sofort in **Essigwasser (1 Schuß Essig auf 1 l Wasser)** gleiten lassen. **1,5 l Salzwasser (1 TL Salz)** mit **1 Schuß Essig** und **1 Pr. Zucker**	zum Kochen bringen, ganze oder quer halbierte Stangen hineingeben, die dicken vorweg etwas kochen, dann noch 10-12 Minuten kochen, dann abtropfen lassen. Erst nach dem Kochen in mundgerechte Stücke schneiden, wenn man z. B. einen Salat machen möchte. Ansonsten lang lassen.

Gleichzeitig die Hirsesoße von S. 164 zubereiten.
Hier zunächst die einfachste Variante ohne Soße:

Schwarzwurzeln mit Tomaten und Käse

	Die gekochten Stangen in 5 cm lange Stücke schneiden.
1 EL Butter	in einer Pfanne schmelzen lassen. Die Stücke hineingeben.
2 Tomaten	vierteln und locker einmischen.
Muskat	und
Pfeffer	drübermahlen.
50 g Käse	raffeln, draufstreuen und 5 Minuten bei geschlossenem Deckel durchschmoren und den Käse schmelzen lassen.

Zu beiden Rezepten passen noch Schinkenröllchen oder Lachsstreifen, Pellkartoffeln oder Minibratkartoffeln (S. 132), Super-Bratlinge (S. 192) oder Mettbällchen (S. 89).

- einfach gut -

Hirse-Soße - die helle, sanfte Grundsoße

40 g Hirse (3 gestr. EL) sehr fein mahlen, ohne Fett in einem heißen Stieltopf 2-3 Minuten andarren. Wenn es dampft und stark duftet, die Platte zeitweilig abstellen. Zum Abkühlen auf einen Teller schütten. Die Hirse soll keine Farbe annehmen.
1 Zwiebel (knapp 100 g) fein würfeln, in
2 EL Wasser und
1 EL Butterschmalz im gleichen Stieltopf 2-3 Minuten unter Wenden anschmoren.
¼ Gemüsebrühwürfel gleichzeitig einrühren.die angedarrte Hirse unterrühren und
350 ml halb Milch halb Wasser langsam unter Rühren angießen. Zum Kochen bringen und unter Rühren 3-4 Minuten köcheln lassen. Dann pürieren. Mit
etwas Muskatblüte, Salz und Pfeffer abschmecken.

Beim Abkühlen und Stehen dickt sie ziemlich nach, verliert beim sanften Wiederaufwärmen aber nicht an Bindung, so daß man sie ohne weiteres für 2 Tage kochen kann.

Var.: *Folgendes in die fertige Soße rühren:*
- *ca. 2 TL geriebenen Meerrettich, frisch oder aus dem Glas oder*
- *2 TL Senf oder*
- *50 g milden Blauschimmelkäse, zerdrückt, plus 3 EL Tomatenmark und 1 TL Zitronensaft oder*
- *6 EL geriebenen Gouda oder*
- *3-4 EL gehackte, frische Estragonglättchen, 3 Minuten in der Soße gegart (wegen des Aromas) oder*
- *3-4 EL gehackten Dill, nur etwas ziehen lassen.*
Sie passen alle auch zu Mangold, Brokkoli, Blumenkohl, Fenchel, Rosenkohl, Grünkohl, Sellerie usw.

- braucht etwas Zeit -

Schwarzwurzel-Rosenkohl-Auflauf

500 g Schwarzwurzeln nach dem Ausgangsrezept von S. 163 vorbereiten und kochen, in mundgerechte Stücke schneiden und in eine Auflaufform legen.
500 g Rosenkohl putzen, in
½ l Salzwasser (1/2 TL Salz) im halb zugedeckten Topf ca. 8 Minuten kochen, abtropfen lassen und über den Schwarzwurzeln verteilen. Nun
2 Eier verquirlen mit
150 g Sahne oder halb Milch, halb Sahne,
¼ TL Salz
etwas Pfeffer
gut Muskat
1 Msp. gem. Koriander
1 Msp. gem. Fenchel und
1 EL feinem Vollkornmehl.
Die Eiermilch über das Gemüse gießen und im vorgeheizten Ofen 10 Minuten stocken lassen. Währenddessen
3 EL Mandelblättchen trocken unter Wenden anrösten und vor dem Servieren drüberstreuen.

Pellkartoffeln passen auch hier wieder bestens. Eier und Kartoffeln ergänzen sich in ihren unterschiedlichen Eiweißbausteinen derart ideal, daß sie die günstigste Aufwertungsmischung überhaupt darstellen, d. h. wir können ein Optimum eigenen Eiweißes daraus aufbauen (sogar mehr als aus Fleisch alleine).

Sprossen ziehen - eine Lust

Wenn wir im Winter Samen aller Art zum Keimen bringen, bedienen wir uns eines wahren "Sesam-öffne-dich". Knackig frische Sprossen wachsen uns zu, die alle Kräfte für die junge Pflanze parat haben und die auch für uns besonders wertvoll sind. Sie weisen einen besonders hohen Vitamingehalt auf und enthalten viele essentielle Fett- und Aminosäuren.
Wasser, Licht, Luft und Wärme sind der Schlüssel zum Leben. Zuerst müssen sich alle Samen voll Wasser saugen. Dann beginnt die wundervolle Verwandlung und Vermehrung unter dem Einfluß der erwachten Enzyme:
Z. B. verdreifacht sich der Vit. A-Gehalt von Linsen in den ersten vier Tagen, auch der von Vit. E bei Weizen. Eiweißbausteine entstehen neu und Kohlenhydrate werden z. T. in kurzkettige umgebaut, die leichter verdaulich und weniger blähend sind.
Da in feuchter Wärme auch Bakterien und Pilze wachsen und Gase entstehen, ist das A und O der Sprossenzucht das Spülen morgens und abends und bei kleinen dichtgesäten Samen auch zwischendurch - gleich die beste Gelegenheit, das wachsende Leben zu beobachten und zu bestaunen. Die Saaten dürfen weder austrocknen noch gammeln. Gegen beides hilft Wasser.

Als Gefäße eignen sich am besten Glas, Porzellan, Hartplastik, möglichst kein Ton, auch keine Vliese, da in beiden leicht Unreinheiten haften bleiben und auf keinen Fall Metall. Marmeladen- oder Weckgläser mit Kunststoffgaze und Gummiband zugebunden, haben sich für Getreide und Hülsenfrüchte bestens bewährt.

Kleine Samen, wie z. B. Kresse, lassen sich ganz gut in den weiten Keimschalen, die es im Handel gibt, keimen, aber es geht genauso gut in den immer griffbereiten Gläsern.

In der Regel keimt man Getreide 1-2 Tage dunkel an und stellt es dann ins Helle ohne direkte Sonneneinstrahlung, Hülsenfrüchte stellt man sofort hell auf. Zu bedenken ist, daß Fensterbänke einerseits im Winter zu kalt sein können, andererseits evtl. zu sonnig, 20 °C ist die optimale Temperatur. Mit etwas Überlegung und ständiger Beobachtung, Riechen und Schmecken sollte es möglich sein, dem keimenden Leben einen rechten Platz und die rechte Pflege angedeihen zu lassen.

Getreide und Hülsenfrüchte bringen schneller verzehrbare Ergebnisse und sind einfacher in der Pflege als Kresse, Alfalfa, Senf, Rettich und all die anderen kleinen Samen, die ja erst zu kleinen Pflänzchen heranwachsen sollen.

Kein gebeiztes Saatgut für den Garten verwenden, sondern im Naturkostladen oder Reformhaus kaufen.

Hülsenfruchtkeime müssen vor dem Verzehr erhitzt werden, evtl. durch ca. 3 minütiges Blanchieren oder Mitgaren im Gericht, Ausnahmen davon sind Linsen und Mungobohnen. Alle anderen Sprossen unerhitzt verzehren wegen der Vitamine und der besseren Wirkung der Ballaststoffe in rohem Zustand.

Brotaufstrich oder Dip aus gekeimten Kichererbsen

Kichererbsenkeime (wie auch die von Erbsen und Bohnen) müssen vor dem Verzehr erhitzt werden, um z. B. Hämagglutinine zu zerstören, die uns schaden könnten. Natürlich verlieren sie dadurch an Vitaminen und Mineralien, geschmacklich jedoch gewinnen sie sogar.

- *Also 1 Tasse Kichererbsen (125 g) eine Nacht einweichen. Ergibt im Endergebnis 2 Tassen voll.*
- *Im Marmeladenglas mit Gaze morgens und abends mit frischem Wasser durchschütteln, kurz ablaufen lassen und hell aufstellen.*
- *Wenn die Keime etwa doppelt so lang sind wie die Erbse selbst, sollten sie verbraucht werden, also nach 3-5 Tagen.*

Die Kichererbsensprossen in 1 l Salzwasser (1/2 TL Salz) 3 Minuten sprudelnd blanchieren und abtropfen lassen.

1 Tasse blanchierter Kichererbsensprossen zusammen mit
4 EL kaltgeschl. Sonnenblumenöl,
1 EL Zitronensaft und
1 ½ EL Sojasoße pürieren.
2-3 EL Wasser hinzufügen, um die Masse entsprechend geschmeidig und cremig zu machen.

Fertig ist ein überaschend leckerer Brotaufstrich oder ein Dip für Kohlrabi, Stangensellerie, Paprika, Fenchel usw. Er hält sich im Schraubglas im Kühlschrank eine Woche frisch.

Zum Knabbern*: Die restlichen Kichererbsen sollten Sie einfach an einem Platz stehen lassen, an dem jeder vorbeigeht. Da werden sie nicht lange bleiben! Ferner kann man sie auf jeden Salat und jede Gemüsepfanne streuen und in Füllungen verwenden.*

Kichererbsensprossen-Salat mit Roggensprossen

- Beide keimen etwa gleich lange
- und ergänzen sich in ihrer Eiweißzusammensetzung -

> 2 EL gekeimten Roggen (s. S. 173) bereitstellen.
> 1 Tasse voll gekeimter und blanchierter Kichererbsen zubereiten, wie auf der vorherigen Seite beschrieben. Etwas abkühlen lassen. Inzwischen die Soße zusammenrühren aus
> 2 EL Zitronensaft
> 1 TL Honig
> 2 EL Sojasoße
> 1-2 TL Senf mit ganzen Senfsamen
> 4 EL Olivenöl und
> 1 kl. feingehackten Zwiebel. Die Kichererbsen sowie die Roggensprossen hineingeben.

*Dazu im **Sommer**: ½ kl. Zucchini in Scheiben oder Würfeln, 1 grüne oder rote Paprikas in Streifen oder Würfeln, 1-2 Tomaten in Vierteln.*
*Oder im **Winter**: ½ Fenchel hauchdünn quer zur Faser geschnitten, 1-2 Topinambour in dünne Scheiben gehobelt, 30 g Rote Bete fein geraffelt. Am Schluß frische oder gefrorene Kräuter, z.B. Basilikum und Thymian und gehackte Nüsse drüberstreuen. Etwas durchziehen lassen.*

Var.: -Statt der Kichererbsen eignen sich auch sehr gut gekeimte Linsen, die nicht blanchiert zu werden brauchen, aber aus geschmacklichen Gründen warm abgebraust werden sollten.

Rote Bete - Linsengarten

- ½ Tasse Linsen (75 g) eine Nacht einweichen.
- Im Marmeladenglas mit Gaze zugebunden morgens und abends mit frischem Wasser durchschütteln, kurz ablaufen lassen, hell aufstellen.
- Nach drei Tagen können die Sprossen geerntet werden. Sie können aber auch ohne Schaden länger stehen und 2-3 cm lang werden (evtl. dann im Kühlschrank aufbewahren).
- Aus geschmacklichen Gründen vor dem Verbrauch mit warmen Wasser abbrausen.

---

200 g Dickmilch, mit
3 EL Wasser
2 EL Zitronensaft
1 Msp. Honig
1 Pr. Salz und
2 TL Sahnemeerrettich zu einer Soße verrühren. Diese Gemüse fortlaufend in die Soße geben:
100 g Rote Bete, fein geraffelt,
1 kl. Fenchel, quer zur Faser im zarte Streifen geschnitten
2 Frühlingszwiebeln, in Röllchen geschnitten.
1 Tasse Linsensprossen leicht und locker darüber verteilen.

Var.: - Statt der Linsensprossen kann man auch Mungobohnensprossen oder blanchierte Kichererbsenkeime verwenden.
- Statt der rohen Rote Bete ist auch 1 Glas eingelegte Rote Bete möglich (Abtropfgewicht 430 g).

- einfach -

Linsensprossen-Pfanne mit Pilzen und Zucchini

200 g gekeimte Linsen. Dazu muß eine **¾ Tasse Linsen** eingeweicht und 3 Tage gekeimt werden, wie auf der vorigen Seite beschrieben. Die Linsensprossen mit warmem Wasser abbrausen.   **300 g Pilze** in Scheiben schneiden, in   **1 EL Olivenöl** heiß anschmoren, 3 Minuten unter Wenden schmoren, bis das Wasser abgedampft ist.   **150 g Zuchini** würfeln, neben den Pilzen mit   **1 Pr. Salz** ebenfalls heiß anschmoren. Deckel auflegen und 5 Minuten sanft durchdämpfen lassen. (Elektroplatte ausstellen.)   **1 TL Steinpilzbrühpaste** einrühren.   **1 Zehe Knoblauch**, zerdrückt, unterrühren.   Jetzt noch die gekeimten Linsen untermischen und durchwärmen lassen.

Dazu servieren wir Naturreis und als pikant-fruchtige Ergänzung eine

Mango-Sahne

100 g Sahne steif geschlagen und mit   **2 EL Mangochutney** und   **2 EL Apfel- oder Quittenmus** verrührt. - Sehr lecker !

Var.: - Interessant ist es, diese Gemüsepfanne oder Reste davon als Füllung zu verwenden:
- in Pfannkuchen,
- in ausgehöhlten Tomaten, die dann zugedeckt kurz geschmort werden,
- in Wirsingkohl eingewickelt (s. S.102/103).

- einfach und schnell, wenn 4 Tassen gekochter Reis vorhanden und die Mungos gekeimt sind -

Sprossen-Curry-Pfanne mit Mungosprossen

- *Mungobohnen sind klein und grün im Gegensatz zu den verwandten gelben und etwas größeren Sojabohnen. Sie keimen unter normalen Haushaltsverhältnissen schneller als die gelben Sojabohnen und brauchen nicht blanchiert zu werden.*
- *Sie sind genauso zum Keimen zu bringen wie Linsen und Kichererbsen, s. dort.*
- *Nach 4-5 Tagen sind sie fertig.*
- *1 Tasse ergibt 2-3 Tassen fertige Sprossen.*

1 Tasse Mungobohnen einweichen und keimen lassen. Die grünen Hülsen ein wenig ablesen.
4 EL Kokosraspel in einer trockenen, heißen Pfanne unter Rühren duftend rösten. Das geht in 1-2 Minuten. Gleich in ein Schälchen schütten.
300 g Zwiebeln halbieren und in Halbmonde schneiden, in
2 EL Olivenöl 5 Minuten unter Wenden anschmoren, mit
1 TL Curry
1 TL Madras Curry und
etwas Salz und Pfeffer würzen.
¼ l Gemüsebrühe angießen und zugedeckt 5 Minuten garen.
2-3 Tassen gekeimte Mungobohnen mit den Zwiebeln mischen und an den Pfannenrand schieben.
4 Tassen gekochten Naturreis in die Kochbrühe neben die Zwiebeln geben und mit der Brühe vermengen. Das Zwiebelgemüse über den Reis schichten. Feuer ausstellen, Deckel auflegen und in der Restwärme noch 5 Minuten schmoren lassen. Abschmecken mit
1 Pr. Cayennepfeffer und evtl.
etwas Salz. Kurz vor dem Servieren die
Kokosraspel drüberstreuen.

Gekeimter Roggen als besondere Zutat oder Beilage

Schon die lange Sauerteigführung für Roggenbrot zeigt uns, daß Roggen der besonderen Mühe bedarf, bevor er uns zum wahren Genuß wird. Wir rücken ihm auch durch Keimen zuleibe und erleben, daß er prall und knackig schmeckt und fast an junge Erbsen erinnert. Durch das Ankeimen beginnt die Umwandlung der komplexen Kohlenhydrate, die empfindlichen Menschen bei der Verdauung oft zu schaffen machen.

- ½ Tasse Roggen (ca. 50 g) 1 Nacht - einweichen. Ergibt im Endergebnis fast 2 Tassen voll.
- Im Glas mit Gaze zugebunden morgens und abends mit Wasser durchschütteln, kurz abtropfen lassen.
- 1 Tag dunkel, dann hell aufstellen.
- Nach 3-4 Tagen sind die Sprossen lang genug.

Für unsere besondere Zutat warten wir, bis die Roggensprossen ca. 2 mm lang sind.
Dann setzen wir
¼ l Wasser zum Kochen auf und würzen es mit
½ TL gem. Koriander,
je ¼ TL Kümmel und Fenchel,ein
wenig Gemüsebrühpaste oder dgl. und
1 Stich Butter.
Wenn das Wasser kocht, die Roggenkeimlinge hineinschütten, wieder zum Kochen bringen und sofort, d. h. ohne weiteres Kochen, über einem Sieb abgießen. (Die Brühe auffangen u. z. B. Kohl darin kochen).

Diese aromatischen, zarten Roggenkörner, verwenden wir bei Bratlingen, Aufläufen, Gemüsepfannen, Suppen, Füllungen und Salaten oder als Beilage mit Kräuterbutter oder Kräuter-Doppelrahmfrischkäse obendrauf. Gleiches geht mit gekeimten Linsen - auch sehr lecker.

Möhren-Müsli mit Weizen- und / oder Roggenkeimen

- Je ½ Tasse Weizen und Roggen - jedes für sich, da die Keimdauer unterschiedlich ist - 1 Nacht einweichen.
- Im Glas mit Gaze morgens und abends mit Wasser durchschütteln, kurz abtropfen lassen, 1 Tag dunkel, dann hell aufstellen.
- Weizen kann nach 2-3 Tagen schon gegessen werden. Roggen braucht 1-2 Tage länger.
  Probieren Sie beide für sich, ihr Geschmack ist erstaunlich unterschiedlich.

---

2 EL Zitronensaft mit
1Msp. Honig   verrühren,
120 g Sahne   und
8 EL Milch oder Wasser hinzufügen.
    Diese Zutaten sofort in die Soße geben:
120 g Haferflocken
4 Möhren (200-300 g) fein geraffelt,
2 große Äpfel mit Schale, aber ohne Kernhaus, gewürfelt,
4 EL Haselnüsse, grob gehackt, drüberstreuen.
    Zum Schluß
4 EL Weizensprossen und
4 EL Roggensprossen über dem Müsli verteilen.

Die restlichen Sprossen weiter wachsen lassen und versorgen. Nach und nach einfach wegknabbern, auf Salate oder Gemüsepfannen streuen oder in Füllungen verwenden, z. B. nach Art der berühmten Frühlingsrollen.

Pikanter Quark mit Sprossenallerlei

Kresse ist mit ihrem pikanten Geschmack wohlbekannt. Alfalfa (eine Kleeart) ist wesentlich milder. Dagegen haben es Senf und Rettich wegen ihrer Schärfe in sich. Daher nur in kleinen Mengen als Würze verwenden. Da sie antibiotisch wirken, sind sie gut als Beimischung geeignet, um eventuellen Fäulnisprozessen während des Keimens entgegenzuwirken
- *Diese kleinen Samen brauchen am Anfang nur angefeuchtet zu werden.*
- *Entweder in flachen Keimschalen oder in Gläsern keimen lassen.*
- *Sorgfältig morgens und abends spülen.- Die Keimdauer ist unterschiedlich, Kresse z. B. braucht 7-8 Tage, Senf nur 2-3.*
- *Sonnenblumenkerne immer nur sehr kurz ankeimen, nur 1-2 Tage, da sie leicht fleckig und bitter werden.*
- *Vor der Verwendung alle Keime noch einmal spülen.*
- *Kresse, Rettich, Senf, Alfalfa usw. können mit den Würzelchen gegessen werden.*

Für unseren pikanten Quark eignen sich alle oben genannten Keime, wobei die scharfen den besonderen Pep geben und gut zum Quark passen.

350 g Quark mit
100 g saurer Sahne oder 3 EL Distelöl verschlagen.
1 TL Senf
2 TL Schabziegerklee
1 TL Vitam-R (Hefeextrakt) oder ½ EL Sojasoße
etwas Salz und Pfeffer hinzufügen und aufschlagen.
½ **Tasse Kresse mit Würzelchen**
½ **Tasse Alfalfa mit Würzelchen**
etwas Senf- oder Rettichsprossen und
½ **Tasse Sonnenblumenkeime** unterheben, einige dekorativ oben drüberstreuen.

Hülsenfrüchte

Ein uraltes Lebensmittel, das von seinem Wert nichts verloren hat! Immer griffbereit, ohne Aufwand lange und einfach zu lagern (kühl, dunkel, trocken) und dabei so reich an Eiweiß wie Fleisch, mit einem hohen Ballaststoffgehalt und voller Mineralien und Vitamine. Sie sind ideal für eine fleischreduzierte Küche, in vielen Varianten auf den Tisch zu bringen, preiswert und sättigend.

Interessant sind die Kombinationen, die die Völker gefunden haben, um dem Nährstoffreichtum auszuschöpfen. Sie kombinieren Hülsenfrüchte mit Getreide: z. B. Reis mit Bohnen in Ostasien, Reis mit Linsensoße in Indien, Mais mit Bohnen in Mittel- und Südamerika, Hirse und Kichererbsen im Kuskus in Nordafrika und Linsen und Spätzle im Schwabenländle. Dabei ergänzen sich die verschiedenen Eiweißbausteine (Aminosäuren) derart günstig, daß der Mensch daraus besonders viel seines eigenen Körpereiweißes aufbauen kann. Viele der folgenden Rezepte sind so kombiniert, daß dieser sogenannten Aufwertungseffekt entsteht.

Ob Bohne, Erbse, Kichererbse oder Linse, jeder der getrockneten Samen muß sich wieder voll Wasser saugen und wird natürlich in Wasser gekocht. Sehr kalkhaltiges (hartes) Wasser behindert das Weichwerden der Schalen beim Kochen. Als Abhilfe kann man einen Kalk-Wasser-Filter benutzen oder das Wasser aufkochen und abkühlen lassen. Dabei fällt der Kalk aus. Nie Natron (oder Backpulver) zufügen. Heute weiß man, daß es das Vit. B1 zerstört.
Ob Salzzugabe gleich zu Kochbeginn das Weichwerden der Schalen behindert, ist spezifisch in jedem Rezept beantwortet. Der hohe Ballaststoffgehalt ist einerseits willkommen für die Darmtätigkeit, andererseits bestimmt er die Bekömmlichkeit. Neben einer eventuellen Eingewöhnungszeit helfen da folgende Gewürze und Kräuter: Koriander, Anis, Kreuzkümmel (Kumin), Piment, Cayennepfeffer, Paprikapulver, Curry und Bohnenkraut, Majoran, Thymian, Rosmarin, Liebstöckel, Salbei.

Übrigens die kleinen grünschwarzen Berglinsen sind die fast-food-Renner unter den Hülsenfrüchten. Gekeimte Hülsenfrüchte bieten u. a. ganz neue Qualitäten (s. bei Sprossen S. 166).

- schnell -
Linsen - Ausgangsrezept für eine Beilage

Zu einem wahren Schnellgericht werden Linsen, wenn man sie am Abend vorher einweicht. Dann sind sie in 7 Minuten gar, sonst brauchen sie 15 Minuten - vorausgesetzt sie werden ohne Salz gekocht.

---

150 g kl. Linsen, z. B. Vertes du Puy oder Berglinsen (sie sind grünlich-schwarz und kleiner als die braunen Tellerlinsen) spülen und in
400-500ml kaltem Wasser eine Nacht einweichen - oder gleich zum Kochen bringen gemeinsam mit
1 ½ EL getr. Rosmarin,
2 TL getr. Majoran und
1 TL gem. Koriander. Kochdauer s. o.
 Erst wenn die Linsen gar sind,
1 TL gekörnte Gemüsebrühe oder ½ Gemüsebrühwürfel unterrühren.
 Das ist bei Linsen besonders wichtig: jegliche Salz- oder Säurezugabe erst am Schluß! Auch zusätzliches Gemüse am Anfang verzögert das Garwerden. Jetzt noch mit
2 EL Olivenöl oder Butter
1 Zehe Knoblauch, mit etwas Salz gequetscht und
1 Pr. Muskatblüte und
etwas Madras-Curry abschmecken.

Vari.:.-1-2 EL Essig oder etwas Rotwein oder Weißwein und 2 EL Tomatenmark unterrühren
 - oder/und ½ Dose Mais ohne Flüssigkeit und 125 g Schafskäse, klein gewürfelt unterheben oder
 - man kocht die doppelte Menge Linsen, bereitet davon eine Beilage mit Mais und Schafskäse und am nächsten Tag einen Auflauf mit gekochten Nudeln, gewürfelten Tomaten, einer würzigen Eiermilch und etwas Käse drüber.

Linsen-Mais-Salat

2 Tassen gekochte Linsen (s. S. 178 Ausgangsrezept), abtropfen lassen und
2 Tassen Mais aus der Dose abtropfen lassen.
Soße zusammenrühren aus:
2 EL Essig
1 Msp. Honig
1 EL Sojasoße
2 TL Senf
2 EL Olivenöl und
1 kl. fein gehackten Zwiebeln.

Diese Zutaten sofort in die Soße geben:
150 g rohen Blumenkohl, in sehr kleine Röschen geteilt oder in dünne Scheiben geschnitten,
300 g Tomaten gewürfelt
100 g Zucchini oder Kürbis gewürfelt.
Linsen und Mais zugeben und zum Schluß
250 g Schafskäse gewürfelt sanft unterheben. Mit
4 Stgl. Petersilien- oder Basilikumblättchen grob gehackt überstreuen.

Dies ist ein sehr sättigender Salat, besonders wenn man ihn zusammen mit getoasteten Vollkornbrot reicht, das man mit 1 Knoblauchzehe einreiben kann.

Var. - Statt Blumenkohl und Zuchini 1 grüne Paprikaschote kleingewürfelt untermischen.

- einfach -

Linsen-Majoran-Aufstrich

1 Tasse voll gekochter Linsen nach dem Ausgangsrezept (s. S. 178) ist die Basis.
100 g Porree, besonders das Grüne, in feine Ringe schneiden.
50 g Zwiebeln fein würfeln, beides in
1 EL Olivenöl anschmoren.
2 Pr. Salz
4 EL getr. Majoran und
1 TL gem. Koriander drüberstreuen.
Alles zugedeckt ca. 8 Minuten im eigenen Saft sanft garen lassen. Notfalls
1-2 EL Wasser angießen.
Zum Schluß die gekochten Linsen,
1 TL Madras-Curry und
80 g Butter
oder 6 EL Olivenöl einrühren und alles pürieren.
In einem Schraubglas hält sich der Aufstrich im Kühlschrank gut eine Woche frisch.

Var.: - 1 sehr kleine Zehe Knoblauch mit etwas Salz gequetscht untergemischt, ist sehr gesund, könnte aber das Geschmacksempfinden für eine eventuell anschließende Honigschnitte etwas beeinträchtigen.
- *Als Füllung:Gequetschten Knofi, kleine Brotwürfel und 1 Eischnee mit dem Aufstrich vermengen und Gemüse damit füllen wie Tomaten, Paprikas, Schmorgurken, Zucchini, Pilze usw. In einer Deckelpfanne mit etwas Käse drüber garen.*

- braucht etwas Zeit -

Rote Linsen-Weizen-Klößchen

Rote Linsen sind in der Regel geschält. Sie kochen schnell zu einem -gelben- Brei. Wegen der fehlenden Schale können sie uneingeweicht und gleich mit Salz gekocht werden.

50 g rote Linsen (ca. ½ Tasse voll) in
300 ml Gemüsebrühe im offenen Topf ankochen (schäumt leicht über) und 3-5 Minuten simmern lassen.
50 g Weizen (ca. ½ Tasse voll) grob geschrotet in die kochenden Linsen rühren, unter Rühren aufkochen und noch 15 Minuten quellen lassen. Folgendes in den Brei rühren:
1 EL Sojasoße
1 EL Koriander (und/oder ½ TL gem. Fenchel)
1 Zehe gequetschten Knoblauch
etwas Salz und Pfeffer
2 Eigelb
2 Eiweiß mit
½ EL Zitronensaft steif geschlagen. Falls die Masse verlaufen sollte, etwas
feine Haferflocken unterziehen. Die Masse soll aber weich bleiben.
1-2 l Salzwasser (1 TL Salz) in einem weiten Topf zum Kochen bringen. Mit 2 Teelöffeln (oder Eßlöffeln) Klößchen abstechen, ins heiße Wasser tauchen und vom Löffel gleiten lassen. Wenn alle drin sind, sind die ersten schon gar. Das Wasser darf nur simmern, sonst zerfallen sie. Mit der Schaumkelle rausnehmen, auf eine Platte legen.
50 g geriebenen Käse (z. B. Gouda) drüberstreuen und im Ofen bei 100 °C ca. 10 Minuten zerlaufen lassen.

Kichererbsen   - einfach -

Sie kommen aus dem Mittelmeerraum, sind lieblicher und milder als unsere Erbsen und werden auch "die Hühnchen unter den Hülsenfrüchten" genannt. Zum Kichern gut? Da hilft uns zur Erklärung der lateinische Name weiter: cicer arietinum.

Ausgangsrezept:
400 g Kichererbsen verlesen, waschen, in
1,3 l Wasser über Nacht einweichen,
  Am nächsten Tag
je 2 EL getr. Thymian und Majoran,
½ TL Korianderkörner und
4-5 Pimentkörner,
2 Gemüsebrühwürfel hinzufügen und im Einweichwasser (wenn man die ausgetretenen Mineralien erhalten will) in 1-2 Stunden weich kochen, je nach Alter und Härte. Ein besseres Ergebnis und zudem energiesparend läßt sich Dampftopf erzielen. Da sind sie in 12 Minuten unter Druck gar und weich. Als Nachquellzeit ca. 20 Minuten warten, bis der Druck runter ist. Übrigens braucht man nicht zu fürchten, daß sie zerfallen. Sie behalten quasi immer ihre Form.

Im Kühlschrank halten sich die gekochten Kichererbsen 2-3 Tage frisch, oder sie lassen sich portionsweise einfrieren und schnell wieder auftauen. Die Kochbrühe sollte mit dabei sein. ¾ der Menge (ca. 6 Suppenkellen) reichen für einen Eintopf, der Rest für Dukaten, s. S. 184 und folgende Seiten. Außerdem kann man sie püriert zu Brotaufstrichen, Soufflés usw. verarbeiten.

- einfach -

Kichererbsen-Eintopf

6 Suppenkellen gekochte Kichererbsen nach dem Ausgangsrezept von S. 182 verwenden.
Außerdem stellen wir eine Gemüsepfanne nach der Pfannenrührmethode her aus:
2 Zwiebeln (ca. 150 g) in Halbmonde geschnitten,
100 g Sellerie oder 1-2 Stangen vom Stangensellerie in kleine Würfel bzw. 1 cm breite Abschnitte geteilt,
200 g Karotten in dünne Scheiben geschnitten,
200 g Blumenkohl in kleine mundgerechte Röschen zerteilt,
200 g Zucchini in Scheiben oder Viertelscheiben geschnitten.
In der genannten Reihenfolge in
Olivenöl und
2-3 EL Wasser nach und nach anschmoren. Wenn alles in der Pfanne ist, zugedeckt 10 Minuten sanft garen lassen mit
etwas Salz, gekörnter Brühe oder Sojasoße abschmecken. In einem Suppentopf vereinen wir nun die gekochten Kichererbsen und das Gemüse, gießen
½ l Brühe an, legen
1 Bd. Estragon drauf und erhitzen die Suppe, bis alles miteinander zu einem Eintopf geworden ist, ca. 5 Minuten.

Var.:- 2 Kellen Kichererbsen für sich pürieren, ehe sie in die Suppe kommt. Dann wird die Suppe etwas sämig und der Kichererbsengeschmack deutlicher.
 - *300 g Bremer Gekochte in Scheiben schneiden und am Schluß mit erhitzen.*
 - *Statt Blumenkohl 200 g geviertelte Tomaten verwenden.*

- braucht etwas Zeit -

Kichererbsen-Dukaten

2 **Suppenkellen gekochte Kichererbsen** (s. Ausgangsrezept) mit ein wenig Kochwasser und
2 **EL Olivenöl** pürieren.
   Folgendes hinzufügen:
100 g Vollkornweizen- oder -mischbrot (ca. 3-4 Scheiben), zerbröselt,
1 Zwiebel (ca. 50 g) fein gewürfelt,
½ TL Koriander
1 Msp. gem. Piment
½-1 EL getr. Thymian oder viel frischen gehackten Estragon
4 Stgl. gehackte Petersilie
etwas Salz und Pfeffer
1 Eigelb. Zum Schluß
1 Eischnee sanft unterziehen. Die Masse soll weder verlaufen noch soll sie fest sein. Gegebenenfalls mit Semmelbröseln oder Kichererbsenkochwasser ausgleichen.
Mit zwei nassen Teelöffeln gut walnußgroße Teile abstechen, in eine heiße Pfanne mit
2 EL Olivenöl, Butterschmalz oder Gänseschmalz setzen, etwas flach drücken und von beiden Seiten goldgelb braten. (In einer beschichteten Pfanne weniger heiß ausbacken.)

Auf Küchenkrepp kurz das Fett aufsaugen lassen.

Dazu paßt sehr gut eine Mangold-Zucchini-Knofi-Pfanne, aber auch sonst jedes Gemüserezept. Kalt sind sie eine Bereicherung für jedesBuffet.

Var.: - 1 kl. Zehe Knoblauch mit etwas Salz gequetscht in den Teig mengen.

- rechnen Sie mit 3 Stunden insgesamt -
Französische Bohnensuppe

Hier eine Idee aus Frankreich zu dem Thema: "Jedes Böhnchen gibt ein Tönchen": Statt stundenlangen Eiweichens wird sehr langsames Ankochen vorgeschlagen mit anschließendem Abkühlen und Weggießen des Ankochwassers.

400g weiße getrocknete Bohnen waschen, verlesen, mit 1 Handbreit Wasser bedeckt bei sehr kleinem Feuer während einer ganzen Stunde zum Kochen bringen. Sobald sie kochen, vom Feuer ziehen und eine Stunde lang abkühlen lassen. In dieser Zeit verdoppeln sie ihr Volumen. Inzwischen die angedarrte Getreidesoße von S. 190 herstellen und folgendes Gemüse putzen:
1 Suppengrün und
2 Möhren kleinschneiden
3 Zehen Knoblauch halbieren.
250 g grüne Bohnen abfädeln und in Stücke brechen. Das Ankochwasser von den Bohnen abgießen.
1 l heiße Gemüsebrühe angießen, so daß es 4 cm drüber steht. Das Gemüse zugeben und ebenfalls
2-3 EL Bohnenkraut oder Majoran,
1-2 EL Kräuter der Provence,
1 TL Korianderkörner, 2 Nelken.
150 g gestreiften Speck, in Stücke geteilt, zwischen die Bohnen stecken.
1-2 Kochwürste oben drauf legen. Jetzt muß die Suppe noch ca. 30 Minuten kochen. Die Bohnen auf Gare testen, die Getreidesoße einrühren, wodurch die Suppe sämig wird und mit
Pfeffer und evtl. noch etwas Salz abschmecken. Speck und Wurst kleinschneiden, in die Suppe geben.

Hinweis: Die anfängliche Salzzugabe in Form von Gemüsebrühe, Speck und Wurst, hat nicht den härtenden Effekt wie bei Linsen.

Getreide

Um es gleich vorweg zu nehmen, das Quellen und Kochen ganzer Weizen-, Dinkel-, Roggen- oder Gerstenkörner, um daraus Beilagen, Bratlinge oder Salate zu machen, ist eher der anfänglichen Begeisterung über die Wiederentdeckung des vollen Kornes zuzurechnen als daß es wirklich vorteilhaft wäre. Sie gehören nämlich zu den härtesten Sorten, und sollten sie gar auf Biß gekocht worden sein, weil das "in" ist, sind die Unbekömmlichkeiten vorprogrammiert. Liegt hier der Grund für das schlechte Image der "Körnerfresser"?

Wir müssen uns schon etwas mühen, um an den Reichtum dieser idealen Vorratsspeicher heranzukommen. Ganze Körner werden durch langes Quellen und langes Kochen aufgeschlossen. Noch besser ist sicherlich das Aufbrechen durch eine Getreidemühle mit anschließendem Garen. Das zeigen Brote und Breie, die die Menschen in unseren Breiten seit mehr als 5000 Jahren essen.

Nur Hafer, Hirse, Grünkern, Reis und Buchweizen lassen sich mit weniger Aufwand zu leicht verdaulichen Gerichten verarbeiten.

Eine "moderne" Methode des Aufschlusses ist das Ankeimen, wobei sich die komplexen Kohlenhydrate beginnen zu lösen und in kleinere Bausteine umzuwandeln, sogar neue Vitamine entstehen. Auf diese Weise Getreide roh zu verzehren, ist sicher noch wertvoller als geschrotet und eingeweicht im wohlbekannten Frischkornmüsli. Getreide ist der optimale Lieferant für die Vit. B-Gruppe, Eisen im pflanzlichen Bereich, die essentielle Linolsäure, sekundäre Pflanzenstoffe und die wichtigen Ballaststoffe.

Man sollte für jedes Getreidegericht mal von diesem, mal von jenem Getreide 1-2 EL mitmahlen und mitverarbeiten - auch wenn es nicht im Rezept steht - um an die ganze Bandbreite der Inhaltsstoffe heranzukommen. Dabei lernt man gleichzeitig etwas über den Geschmack oder die Auffälligkeiten der vielen Sorten kennen.

Wußten Sie, daß bei der Weizenmehltype 1050 nur noch ca. 50 % der wertgebenden Stoffe vorhanden sind, obwohl sie mit 83 % noch relativ hoch ausgemahlen ist. Zum Vergleich: Vollkornmehl gilt als 100 % ausgemahlen. Mit diesen 17 %, die als Kleie aussortiert werden, verlieren wir 50 % der wertvollen Randschichten.
Es gibt Haushaltsgetreidemühlen, die auch die härteren Schichten gut vermahlen und ein relativ feines Mehl ergeben.

Auf alle Fälle Getreide aus dem Öko-Anbau bevorzugen, da dort die Einlagerung von Schadstoffen in Schale und Keim geringer ist als im konventionellen Anbau.

- braucht Zeit -

Weizen ist das Getreide mit den besten Backeigenschaften durch seinen Gehalt an Klebereiweiß = Gluten

Quiche, Pie oder Gemüsetorte (Grundrezept)

Was Warmes aus dem Ofen mögen alle gerne, weil es so satt und zufrieden macht.
Die Grundlage für allerlei Gemüseauflagen ist ein einfacher Mürbeteig, der weder Eier noch Zucker enthält und daher schön mürbe ist. Für die französische Quiche und die englische Pie ist das Wort Gemüsekuchen oder -torte der Versuch einer deutschen Umschreibung.
Die Quiche wird oft mit Eier-Sahne-Käse-Guß gebacken, die Pie manchmal mit einem Teigdeckel abgedeckt. Der Möglichkeiten sowie der möglichen Benennungen gibt es viele.

Für eine Pizza- oder Springform von je 24-26 cm Durchmesser gilt folgendes Rezept:
200 g Weizen fein mahlen, auf die Arbeitsplatte schütten, abkühlen lassen.
100 g kalte Butter mit dem langen Pfannenmesser oder zwei Teigkarten hackend unter das Mehl arbeiten.
½ TL Salz und, wenn gewünscht,
½ TL Fenchel
½ TL Kümmel und
1 TL Koriander - alles gemahlen hinzufügen.
1/8 l kaltes Wasser oder mehr dazutun und alles rasch zu einem glatten, elastischen Teigkloß zusammenkneten, flach drücken und 30 Minuten kaltstellen.
Zwischen zwei Frischhaltefolien ein runde Platte ausrollen. Dabei die Folie zwischen den Rolltouren anlüften, damit sich der Teig ausdehnen kann. In eine ungefettete Pizza- oder Springform legen, den Rand ganz hochführen und abschneiden. Den Boden mit einer Gabel mehrmals einstechen. Danach 15 Minuten bei 200 °C vorbacken. Das ist

besonders für feuchte Füllungen wichtig.
(Blind backen mit Hülsenfrüchten ist nicht nötig, wenn der Teig fest genug und eingestochen ist.)
Der Teig kann in der Form entweder vor oder nach dem Vorbacken eingefroren werden. Arbeitsmäßig lohnt es sich, gleich zwei Teige herzustellen und vorzubacken und einen für den Vorrat einzufrieren. Er läßt sich auch 3-4 Tage im Kühlschrank aufbewahren.
Zubereitungszeit incl. kalt Stellen 60-70 Minuten.

Rezepte für die Gemüsezubereitungen zur Quiche finden Sie für Brokkoli (S. 99), Mangold (S. 55), Spinat (S. 49), Porree (S. 118) und Zwiebeln (S. 115).

Var. :*Für ein ganzes Blech, z. B. Zwiebelkuchen müßte man die Teigmenge gut verdoppeln, siehe auch S. 115 bei den Variationen.*

- sehr einfach -

Getreidesoße - angedarrt

30 g Weizen (knapp ½ Tasse voll) oder ein Gemisch aus z. B. Weizen, Roggen und Gerste sehr fein mahlen und in einem Stieltopf trocken andarren. Das geht so: Topf anheizen, Mehl hineinschütten, unter ständigem Hin- und herschieben mit dem Holzspatel 2 - höchstens 3 Minuten lang darren. Das Getreide beginnt zu duften. Eine sichtbare Bräunung soll nicht entstehen. Zur Abkühlung auf einen Teller schütten.	
½ l schwache Gemüsebrühe zum Kochen bringen. Das gedarrte Schrot mit dem Schneebesen einrühren und zum Kochen bringen. 1 Minute kochen und 5 Minuten quellen lassen.	
20 g Butter darin schmelzen lassen - fertig.	

Diese Soße befriedigt ein elementares Bedürfnis nach Getreide-Ganzheit. Durch Wasser und Hitze aufgeschlossen, erinnert sie an Brei aus früheren Zeiten. Geschmacklich sticht sie hervor durch das unnachahmliche Röstaroma des Darrens.
Sie ersetzt die beliebte Mehlschwitze, ist aber viel bekömmlicher, da Mehl und Butter nicht zu einem schwer verdaulichen Komplex verschmort werden.
Sie ist auch eine gute Suppengrundlage und paßt zu viele Gemüsen, z. B. kleinen glasierten Zwiebeln, allen Kohlsorten, Möhren, Schwarzwurzeln, Blumenkohl, Brokkoli usw.
Beim Abkühlen und Stehen dickt sie sehr nach.

Var.: - Schmecken Sie am Ende mit Senf oder wenn vorhanden, mit Senf- oder Rettichsprossen ab und servieren Sie sie mit verlorenen oder pochierten Eiern.

- braucht Zeit -

Weizen- Käse- Klößchen aus Brandteig

2 l Salzwasser (2 TL Salz) in einem weiten Topf für das spätere Garen der Klößchen aufsetzen.
¼ l Gemüsebrühe zum Kochen bringen mit
40 g Butter und
je ½ TL gemahl. Koriander, Fenchel und Kümmel.
175 g Weizen grob schroten.
Wenn die Gemüsebrühe kocht, das Schrot auf einmal hineinschütten und so lange rühren, bis ein Kloß entsteht und sich ein pelziger Belag am Boden zeigt. Platte sofort abstellen. Insgesamt 1-2 Minuten unter Rühren "abbrennen", daher der Name Brandteig. Den Teig wenige Minuten abkühlen lassen.
150 g mittelalten Gouda reiben und unterheben.
2 Eier nacheinander in den Teig einrühren.
Mit zwei Eßlöffeln, die man ab und zu in das heiße Wasser taucht, längliche Klößchen (Nockerln) formen und in dem simmernden Salzwasser ca. 10 Minuten ziehen lassen.

Diese Klößchen passen zu vielen einfachen Gemüsegerichten, z. B. koreanischem Spinat (S. 46), Rote Bete-rotgelb (S. 140), zu Salat und Frischkost.

Var.: - Man kann sie auch in eine Auflaufform legen, 100 g Sahne angießen, noch 50 g Käse drüberstreuen und im Ofen bei 180 °C 15 Minuten überbacken.
- *Wenn man die Klößchen mit zwei Teelöffeln kleiner formt, kann man sie direkt auf einer Gemüsepfanne im Dampf garen, z. B. auf Brokkoli, Möhren, Sellerie, Poree und Coburger Zucchini-Würfel s. S. 63.*
- *Oder Möhren, Porree, Knoblauch genau wie für die Super-Bratlinge (S. 192) dazugeben und wie Bratlinge ausbacken - auch sehr lecker.*

Grünkern ist ein in der Milchreife geernteter und anschließend gedarrter Dinkel.

braucht etwas Zeit -

Super-Bratlinge mit Grünkern

1 gr. Zwiebel (100-150 g) würfeln, in einem Topf in
20 g Butterschmalz anbraten.
200 g Grünkern grob schroten, über die Zwiebeln streuen, umrühren.
400 ml Gemüsebrühe aufgießen, unter Rühren 2 Minuten kochen und dann 20 Minuten quellen lassen.
100 g Gouda reiben,
200 g Möhren fein raffeln,
1 kl. Porreestange in feine Ringe schneiden,
1 Zehe Knoblauch zerdrücken.
Alles unter den Grünkern mischen.
Würzen mit
1 TL Thymian
¼ TL gem. Koriander
1 TL Schabziegerklee.
3 Eigelb hinzufügen.
3 Eischnee behutsam unterheben. (Auch ein zusätzliches Eiweiß als Resteverwertung ist sehr gut.)
Aus der Masse mit angefeuchteten Händen nicht zu große Bouletten formen und in
1 EL Butterschmalz von beiden Seiten braten.

Var.: - Einfacher ist es, die Bouletten auf ein gut gefettetes Blech setzen und bei 200 °C auf oberer Schiene ca. 30 Minuten backen. So kann man gleich auf Vorrat eine doppelte Portion zubereiten.

Grünkern-Mett-Bällchen

Eine Vorratsportion: einmal kochen - mehrere Male essen.

---

300 g Grünkern und
1 TL Korianderkörner grob schroten, in
½ l kochendes Wasser mit dem Schneebesen einrühren,
1 Minuten unter Rühren kochen und dann
20 Minuten abkühlen lassen. Währenddessen
vermengen wir innig folgendes in einer großen
Rührschüssel:
400 g Rindermett
1/8 l Wasser
6 EL Sojasoße
1 TL Salz
½ TL Pfeffer und
2 kl. Eier. Dann werden noch
2 kl. Zehen Knoblauch gequetscht und
200 g Porree in sehr feine Ringe geschnitten und eingemischt.
Den Grünkern untermengen und mit
4 TL Majoran oder 4 TL Schabziegerklee würzen.
Aus der Masse mit nassen Händen
walnußgroße Bällchenformen und in ein bis
zwei Partien in
1 l Salzwasser (1 knappen TL Salz) in einem weiten Topf
garen, bis sie nach oben kommen (ca. 5
Minuten).

Var.: - Oder man gart für die bevorstehende Mahlzeit einen entsprechenden Teil auf einem Gemüsebrett oder in einer Suppe. Den Rest portionsweise einfrieren. Das ergibt leckere und griffbereite Zulagen.

- Warum nicht gleich zwei Geschmacksrichtungen herstellen, indem man die Masse halbiert und für einen chinesischen Anklang 1-2 TL fein geriebenen Ingwer in eine der Hälften mischt.

Hirse ist ein leicht verdauliches, mineralstoffreiches Getreide, gut für Haare, Haut und Nägel - Sie ist glutenfrei.

- sehr einfach und schnell -

Hirse mit Käse - ein Grundrezept

Wer die Hirse körnig liebt, sollte sie in das kochende Wasser geben, sofort Salz oder gesalzene Gemüsebrühe dazugeben.Auch die Kochdauer ist entscheidend, 5-10 Minuten reichen. Wer die Hirse weich liebt, setzt sie in kalten Wasser auf und salzt am Schluß.

150 g Hirse	mit heißem Wasser abspülen (um ranzige Keimöle zu entfernen, die bitter schmecken können),
350 ml Wasser aufsetzen, Hirse hineinschütten.	
½ Gemüsebrühwürfel entweder gleich oder später dazugeben.	
	Ca. 5-10 Minuten garen und dann darin quellen lassen.
200 g Basilikumgouda reiben und in die quellende Hirse rühren.	

Dazu eine schnelle **Joghurtsoße:**

1 Becher Joghurt (150 g)
4 EL Sahne
1 kleine zerdrückte Knoblauchzehe
1-2 EL Schabziegerklee
½ -1 Tasse fein gehackte Kräuter nach Wahl, z. B. u. a. Basilikum, zusammenrühren.

Dazu ist jedes Gemüse und jeder Salat denkbar.

Buchweizen - kein Getreide, sondern ein Knöterichgewächs - ist leicht verdaulich, lecithinreich und glutenfrei.

- einfach -
Buchweizen-Pfannkuchen
- Grundrezept für dünne Pfannkuchen -

200 g Buchweizen und	
50 g Weizen	fein mahlen, mit
350 ml Milch	
150 g Mineralwasser mit Kohlensäure,	
1/4 TL Salz	und
4 Eiern	verrühren und ca. 15 Minuten quellen lassen.
Kokosfett	zum Ausbacken.
	Pfannkuchen lassen sich in beschichteten Pfannen sehr gut ausbacken. Chromagan oder gußeiserne Pfannen müssen sehr heiß gemacht werden, ehe das Kokosfett hineinkommt. ¾ Suppenkelle Teig in der Pfanne durch Schwenken verlaufen lassen. Von jeder Seite ca. 1-2 Minuten goldgelb ausbacken.

Verwendungsmöglichkeiten:
1. *Sofort zu Frischkost oder anderen Salaten servieren.*
2. *Sofort servieren mit Akazienhonig, Rübensirup, Ahornsirup oder Zimt und Apfelmus oder je nach Vorlieben oder Familientradition oder*
3. *Alle Pfannkuchen nacheinander mit nachstehender Füllung aufeinanderschichten, warm stellen und dann wie eine Torte aufschneiden: 3 EL Nußmus oder 200 g gem. Haselnüsse verrühren mit 2 EL Akazienhonig und 100 ml Sahne oder*
4. *die Pfannkuchen mit Zucchini-Pilz-Gemüse (s. S. 62) oder Spinat (s. S. 46) oder Gemüseresten füllen und zusammen mit Käse bestreut überbacken.*

Seitdem ganze Maiskörner meine Mühle einmal "geknackt haben", bevorzuge ich nur noch Maisgrieß = Polenta. Leider ist er ohne Keimling. Mais ist glutenfrei.

- sehr einfach und schnell -

Schnelle Polenta mit Käse

0,5 l Wasser und
0,5 l Milch aufkochen.,
250 g Maisgrieß mit dem Schneebesen einrühren. Nach dem Blup 10-15 Minuten ausquellen lassen. Kocht man stattdessen sachte weiter, entsteht unten eine Kruste, die sehr gut schmeckt.
1 Stück Butter oder 2 EL Öl zusammen mit
150 g geraffelten, mittelalten Gouda unterrühren.
Fertig. Schmeckt als Beilage zu allen Gemüsen und Salaten.

Var.:Reste kann man auf ein gefettetes Blech 1-2 cm dick streichen und im Ofen überbacken. In Vierecke schneiden und zu Gemüse und Salaten servieren.
- *Oder mit Tomatenscheiben obendrauf überbacken.*
- *Oder man streicht einen eventuellen Rest davon auf ein feuchtes Brett, schneidet Quadrate, läßt trocknen und brät sie zur nächsten Mahlzeit in Butterschmalz.*

Hafer

„Ihn sticht der Hafer!" ja, Hafer macht nicht nur die Pferde vital und lebensfroh. Er ist das eiweiß- und fettreichste Getreide und daher so wohlschmeckend. Er ist leicht verdaulich und wohltuend für die Verdauungsorgane. Wer ihn roh verzehren möchte (da u.a. besonders cholesterinsenkend), sollte ca. 2 EL Nackthafer über Nacht einweichen und mit dem Müsli essen oder selbst flocken/quetschen und nach 20 Minuten Einweichdauer verzehren. Gekaufte Haferflocken sind immer erhitzt - auch Bioflocken. Aber ob roh, gekocht oder als Haferflocken (besonders gut mit etwas Milch), Hafer ist immer ein Energiespender besonderer Art. Er ist glutenfrei.

- sehr einfach -

Haferbeilage

1,5 Tassen Nackthafer (ca150g) in
2 Tassen Wasser kalt aufsetzen, 20 Minuten sachte kochen lassen.
1 TL gekörnte Gemüsebrühe hinzufügen und noch 20 Minuten quellen lassen.Über Nacht eingeweicht, braucht er nur noch 5 Minuten zu kochen.

Dazu passen je nach Jahreszeit Basilikum-Pesto (S. 21), Kräuterschäume (S. 19), Quark-Nußmus-Dip (S. 141) usw.
Man kann die Haferbeilage Gemüsefüllung oder Aufläufen beimischen und wie Reis zu vielen Gemüsen servieren.

Reis

Natürlich kommt für uns Vollwertesser nur Naturreis oder Vollreis in Frage! Jeder vorbehandelte sogenannte Schnellreis aus poliertem Reis hat den weitaus größten Teil seiner Vitamine, Mineral- und Ballaststoffe im Laufe der Bearbeitungsprozesse verloren.
Ein anderer Bearbeitungsversuch ist der Parboiledreis. Er ist ein unter Druck gedämpfer Naturreis, der erst nach dem Dämpfen poliert wird. Beim Dämpfen wandern zwar viele Wertstoffe ins Korninnere, aber er verliert u. a. alle Ballaststoffe und durchläuft einen unnötigen industriellen Prozeß.

Die Hälfte der Weltbevölkerung ist Reisesser. (Leider bevorzugen sie fast alle den polierten Reis wie bei uns die meisten das Auszugsmehl!) Tausende von Reissorten gibt es und sicher noch mehr Arten, den Reis zuzubereiten.

Unser oberstes Gebot der Rieselfähigkeit gekochten Reises ist andernorts völlig unbekannt. Wie sollten z. B. Chinesen rieselnden Reis mit Stäbchen essen können? Ostasiaten bevorzugen mehr stärkehaltige Rund- und Mittelkornsorten, die durch die abgegebene Stärke klebiger werden.
Langkornreissorten kochen lockerer aus.
Ob also der Reis rieselt, ist eine Frage der Sorte und des Geschmacks, und über Geschmack läßt sich bekanntlich nicht streiten. Vollreis ist allerdings immer rieselfähig, dazu s. nächste Seite.
Aus Reis läßt sich durch geringe Beigaben von etwas Fleisch oder Hülsenfrüchten schnell ein ausreichendes Gericht kochen. Das liegt an der Ergänzungsfähigkeit zwischen den Eiweißbausteinen des Reises und denen von Hülsenfrüchten oder Fleisch. Das ermöglicht uns, viel körpereigenes Eiweiß daraus aufzubauen.
Weitere Eigenschaften: leicht verdaulich, entwässernd, glutenfrei, d. h. ohne Klebereiweiß.

Quellreis aus Naturreis
- sehr einfach -

Selbstverständlich können auch wir einen köstlichen Reis ganz ohne Reisbeutel kochen wie tagtäglich Millionen von Frauen und Männern auf der ganzen Welt!
Gut zu wissen: Aus Vollreis kann man weder Stärke auswaschen (höchstens Staub und Unreinheiten) noch kocht aus ihm nennenswert Stärke aus, denn das intakte Silberhäutchen hält alles fest. D. h., daß Naturreis nie klebig gekocht werden kann, es sei denn, man verkocht ihn oder gibt zu viel Wasser zu. Die andere Folge des Silberhäutchens mit seinem Reichtum an Mineralien und Ballaststoffen ist, daß es etwas länger dauert, bis es von Wasser und Hitze durchdrungen und der Reis gar ist.
Dagegen gibt es 2 hilfreiche Maßnahmen:
1. eine Nacht vorher einweichen und
2. ohne Salz kochen.
Dann braucht er wirklich nur noch 5 Minuten zu kochen und 15 Minuten zu quellen.

Hier aber für den Fall der Fälle das Rezept ohne Einweichen:

2 Tassen Rundkorn-Vollreis (ca. 200 g) in einem Sieb spülen, in einen gut schließenden Topf mit Wärmespeicherboden schütten,
2 Tassen kaltes Wasser (ca. 230 ml) zugießen und zum Kochen bringen. Dann darf er ca. 2 Minuten blubbernd kochen und soll danach ca. 20 Minuten sanft köcheln. Währenddessen nicht umrühren. Die entstandene Löcherstruktur soll erhalten bleiben. Jetzt muß er nur noch 10-15 Minuten quellen, entweder auf der Restwärme der Platte mit einem dicken Tuch auf dem Deckel oder - wie wäre es im Bett? Das Wasser ist am Ende restlos aufgesogen. Vor dem Servieren auflockern evtl.
1 Stich Butter zufügen. Dieser Naturreis schmeckt ganz ohne Salz aromatisch nussig und paßt zu allem.

- einfach -

Afghanischer Gewürzreis

2 Tassen Rundkorn-Vollreis waschen, in
2 Tassen kaltem Wasser aufsetzen, ca. 2 Minuten zugedeckt leicht blubbernd kochen lassen, dann 15-20 Minuten köcheln lassen und 10 Minuten ausquellen lassen. Inzwischen
4 EL Rosinen in wenig warmem Wasser einweichen.
4 EL Mandeln mit oder ohne Haut in einer Edelstahlpfanne trocken rösten.
Jetzt mischen wir die Gewürze zusammen:
1 TL Cardamom, ½ TL Nelken,
1 TL Zimt, 1 TL Kümmel,
1 TL Pfeffer und
½ TL Muskatblüte - alles gemahlen.
Einfacher ist es, 2-3 TL Lebkuchen- oder Christstollengewürz zu nehmen plus 1 TL Pfeffer, 1 TL Kümmel ½ TL Muskatblüte.
Nun gießen wir das Rosinenwasser ab und mischen die Rosinen mit den Gewürzen,
2 TL Honig und
½-1 TL Salz. Nach dem Ausquellen des Reises rühren wir die Rosinen-Gewürzmischung und 1-2 TL Öl oder Butter unter, lassen noch etwas durchziehen und streuen zum Schluß die gerösteten Mandeln drüber.

Kinder werden diesen Gewürzreis besonders gerne mögen. Er paßt zu gedünsteten Kürbis- und Zucchinigerichten, zu Brokkoli, die in ihrer leichten Art einen anspruchsvolleren Begleiter brauchen können. Oder man füllt ihn in einen Hokkaidokürbis, s. S. 128.

- einfach -

China läßt grüßen: Gemüse-Reis-Pfanne
nach der Pfannenrührmethode

200g Vollreis	nach dem Quellreisrezept von S. 200 kochen. Das kann am besten schon am Vortage gemacht werden.
1 Ei	mit
1 Pr. Salz	verquirlen, in
1 TL Butter	in einer beschichteten Pfanne verlaufen lassen, von beiden Seiten leicht braten, herausnehmen und später in sehr schmale, etwa 4 cm lange Streifen schneiden.-
1 Zwiebel (ca. 100 g)	in Halbmonde schneiden.
1-2 Karotten (ca. 150 g)	in dünne Scheiben oder Streifen schneiden.
1 ½ Tassen gefrorene Erbsen	aus dem Frost nehmen.
60 g gekochte Schinkenstreifen	würfeln.
1-2 TL frischen Ingwer	mit der kleinen Lochung der Vierkant-reibe reiben. Nun genau nach der Pfannenrührmethode in einer Edelstahlpfanne Zwiebeln und Karotten mit
je 1 TL Fett	und
je 1 Pr. Salz	1 bzw. 3 Minuten sautieren. Schinken, Erbsen und Ingwer am Schluß gemeinsam zufügen, 1 Minute rühren, dann alles mischen. Mit
2 EL Sojasoße	und
etwas Pfeffer	würzen. Platz für den gekochten, aufgelockerten Reis machen.
1 EL Butter	schmelzen lassen, den Reis darin wenden. Dann mit dem Gemüse mischen und 1-2 Minuten zugedeckt durchwärmen lassen. Die Eierstreifen z. T. locker unterheben und z. T. damit dekorieren.

Var.: - Statt Schinken und Ei geschnetzeltes Fleisch extra zubereiten, s. S. 203 und untermischen.

- einfach - schnell -

Geschnetzeltes Rindfleisch

nach der Pfannenrührmethode, weil es eine ideale Ergänzung zu Reis und Gemüse ist.

> **ca. 400 g Rinderrouladenfleisch** (3-4 Rouladen) oder Bratenfleisch in ca. 3 cm lange und 3 mm breite Streifen schneiden.
> **1 EL Kartoffelstärke** mit
> **2 EL Sojasoße** und
> **1 EL Wasser** mischen und darin die Fleischstreifen 10 Minuten oder länger marinieren.
> **1 EL Kokosfett** in einer heißen Pfanne erhitzen.Die Streifen heiß anbraten. Mehrfach wenden, bis sie die rote Farbe verloren haben.Das geht in ca.1-3 Minuten!
> Dann ist es schon servierfertig. Nicht länger braten, weil es sonst trocken wird.

Das paßt zu Reis, Gemüse-Reis-Pfannen oder abgekühlt in kalte Salate von Reis, Nudeln und Gemüse.

Var.: 1-3 Zehen Knoblauch fein gewürfelt oder gequetscht in die Marinade geben ist eine pikante Variante,
- *ebenso mit etwas geriebenem Ingwer.*
- *Gleiches kann man natürlich mit Puten-, Hühner-oder Schweinefleisch machen - sehr lecker!*

Die Pfannenrührmethode

Zu guter Letzt die Pfannenrührmethode. Sie ist höchst interessant für unsere Ziele der leichten Gemüsegerichte. Sie stammt aus Ostasien und ist mit dem Wok zu uns gekommen. Aber in jeder normalen Pfanne ist sie anwendbar. Im übrigen ist sie dem Sautieren sehr ähnlich.
Mit wenig Fett und einem Hauch Wasser wird kleingeschnittenes Gemüse schnell gegart. Das Fett verschließt die Poren, das Wasser durchdampft und gart es, ohne auszulaugen. Oftmals genügt schon das Wasser vom Waschen oder der Saft an den vielen Schnittflächen.

Alle Gemüsesorten werden vorweg geschnitten. Je härter das Gemüse (z. B. Karotten) desto dünner in Scheiben oder Streifen schneiden, hobeln, evtl. grob raffeln usw.
- Eine Edelstahlpfanne heiß werden lassen,
- 1 TL Kokosfett oder Butterschmalz hineingeben. Das sind Fette, die gut erhitzt werden können, ohne zu verbrennen. (Entstehen versehentlich blaue Dämpfe, das Öl sofort weggießen, da es dann gesundheitsschädlich ist.)
- In der Regel mit helleren Gemüsesorten beginnen, wie z. B. Zwiebeln,- 1 Pr. Salz draufgeben
- hin- und herschieben und wenden = pfannenrühren.
- Obwohl die Pfanne heiß sein soll, darf nichts braun werden, d. h. anbrennen. Das wäre ein Kunstfehler! Also fleißig wenden oder das Feuer etwas zurückstellen.
- Bei trockeneren und härteren Sorten, wie z. B. Möhren, nach dem Anschmoren 2 EL Wasser draufgießen und sofort den Deckel auflegen, um sie durchdämpfen zu lassen.
- Für jedes neue Gemüse muß die Pfanne wieder gut heiß sein.
- Wenn es nötig scheint, erneut 1 TL Fett auf den Pfannenboden geben.
- Ist die Gemüsemenge noch klein, genügt das zur Seite Schieben in der Pfanne, um für das nächste Gemüse Platz zu machen. Wobei einzurechnen ist, daß das Garen natürlich weitergeht.

- Läßt sich in der Pfanne nichts mehr bewegen, das fertige Gemüse in eine Schüssel geben.
- Wichtig ist, daß alles schön knackig und mit Biß bleibt.
- Tomaten und Pilze sorgen für Schmorflüssigkeit.
- Knoblauch oder Ingwer, gequetscht, bzw. gerieben, erst am Ende zugeben, dann bleibt ihr Aroma kräftiger.
- Am Schluß alle Gemüse noch einmal zusammen mit evtl. angegebener Würzung durchwärmen.

So lassen sich wunderbar gemischte Gemüsepfannen herstellen, die zum Schluß noch mit diversen Kräutern, Pfeffer, Curry, Sojasauce, saurer Sahne usw. usw. abgeschmeckt werden können. Auch für Salate lassen sich solcherart auf Biß gegarte Gemüse verwenden, ebenso für Reisgerichte und Eintöpfe. Nicht zu vergessen Geschnetzeltes, bestehend aus sehr dünnen, mari-nierten Fleischstückchen, die unter fleißigem Wenden in 1 Minute gegart werden und aufs zarteste unseren Gaumen erfreuen, s.S.203 Geschnetzeltes Rindfleisch.

Nach all diesen Rezeptvorschlägen verabschieden wir uns von unserer geneigten Leserschaft, sagen auf Bremer Art "tschüß" und wünschen einen guten Appetit!

Kalender für Gemüse a.d. ökologischen Anbau

  Winter   Frühling   Sommer   Herbst

	J	F	M	A	M	J	J	A	S	O	N	D
Blumenkohl						#	#	#	#	#		
Bohnen, grün						#	#	#	#			
Brokkoli						#	#	#	#			
Chicoree *	^	^	^							^	^	^
Chinakohl	U						#	#	#	#	U	U
Eisbergsalat				^ #	#	#	#	#	#	#	^	
Erbsen, grün						#	#	#	#			
Feldsalat	^ #	^ #	^ #	^ #					#	#	^ #	^ #
Fenchel	U						#	#	#	#	U	
Grünkohl	#	#							#	#	#	
Gurken						#	#	#	#	#		
Salatgurken					^	^	^	^	^			
Kartoffeln	U	U	U	U	U	#	#	#	#	#	U	U
Kohlrabi				^	^ #	#	#	#	#	#	#	
Kopfsalat				^ #	#	#	#	#	#	^ #	^ #	
Kürbis	U	U	U	U					#	#	#	U
Lauch / Porree	#	#	#	#		#	#	#	#	#	#	#
Mangold					#	#	#	#	#			
Möhren	U	U	U	U	U	#	#	#	#	#	#	U

\# Freilandware,

U Lagerware,

^ Unterglasanbau

* s.S. 32

Winter　　　Frühling　　Sommer　　Herbst

	J	F	M	A	M	J	J	A	S	O	N	D
Paprika					^	^	^	^	^	^		
Pastinaken	# U	# U	# U				#	#	# U	#	# U
Radieschen			^	^	#	#	#	#	#	#		
Rettich, weiß				#	#	#	#	#				
Rettich, schwarz	U	U	U					#	#	U	U	
Rosenkohl	#	#	#					#	#	#	#	
Rote Beete	U	U	U	U		#	#	#	#	U	U	
Rotkohl	U	U	U	U		#	#	#	#	U	U	
Schwarzwurzeln	# U	# U	# U						#	#	# U
Sellerieknollen	U	U	U	U		#	#	#	#	#	U	
Spargel				#	#							
Spinat			^ #	#	#	#	#	#	^ #	^	^	
Spitzkohl				#	#	#	#					
Steckrüben	U	U	U	U					#	#	U	
Tomaten					^	^ #	^ #	^ #	^ #			
Weißkohl	U	U	U	U		#	#	#	#	#	U	U
Wirsing	U	U				#	#	#	#	#	U	U
Winterpostelein	^ #	^ #	^ #							^ #	^ #	^ #
Zucchini					#	#	#	#	#			
Zwiebeln	U	U	U	U	#	#	#	#	#	#	U	U

Bei zwei Symbolen pro Kästchen sind beide Methoden möglich.

Buchempfehlungen
Aus dem Spektrum der Literatur, die mir zur Verfügung steht, möchte ich einige grundlegende und verständliche Bücher nennen, die für jeden interessant sind, der sich mehr mit der Beziehung zwischen Ernährung und Gesundheit befassen möchte.
Für die Theorie:
- *Vollwert-Ernährung. Konzeption einer zeitgemäßen Ernährungsweise. von Koerber/Männle/Leitzmann. 8. Auflage 1996, Haug Verlag, 54,80 DM.*
- *Vollwerternährung - aber richtig, Helmut Anemueller, Trias-Verlag, 1991, 19,80 DM.*
- *Kursbuch für gesunde Ernährung. Die Küche als Apotheke. Ingeborg Münzing-Ruef. Heyne Taschenbuch 1992, 24,80 DM, Neuauflage Herbst 1997.*
- *Nutze die Heilkraft unserer Nahrung, Bd. I und II, Ernst Schneider, Saatkorn Verlag 1985, vergriffen.*
- *Unsere Nahrung- unser Schicksal, M.O.Brucker, bioverlag gesundleben, 28. Auflage 29,80 DM.*
- *Naturkost- ein praktischer Warenführer, Bd. 1 und 2, Rolf Goetz, pala-verlag, 7. Aufl. 1992, je Bd. 12,80 DM.*
- *UGB-Forum, Fachzeitschrift für Gesunheitstraining, Verband für Unabhängige Gesundheitsberatung, UGB Verlag, Gießen, Keplerstr. 1, 6 Ausgaben pro Jahr, 80 DM (wissenschaftlich recherchiert und breit gefächert).*

Für diePraxis:
- *Sprossen und Keime, Rose-Marie Nöcker, Heyne Kochbücher, 6. Auflage 1984, 9,90 DM.*
- *Küchenpraxis leichtgemacht, Mappe mit 12 Themen, UGB Akademie, Gießen, Keplerstr. 1, 14,50 DM.*
- *Vollwertküche für Genießer. C. Leitzmann, H. Million, Falken 2. Auflage, 39,90 DM.*
- *Die Kochbücher von Ingrid Früchtel, mit denen ich 1980 meine ersten Vollwert-Schritte getan habe und die von Barbara Rütting schätze ich sehr wie auch das alte Dr. Oetker Schulkochbuch (wenn auch keine Vollwertkost).*

Mein Dank geht an: Anja Schnaars, die den lustigen Küchengeist erfunden und gezeichnet hat.
- Christiane Schultze-Gisevius, Ökotrophologin und meine Ausbilderin, die das Konzept aus Interesse gelesen und mich ermutigt hat,
- den Verein für Sozialökologie, Bremen, der von Anfang an hinter dem Projekt gestanden und mich unterstützt hat,
- den Verband für Unabhängige Gesundheitsberatung UGB, dem ich gründliche Kenntnisse der Materie und praktische Unterweisungen verdanke,
- Michael Anselm, den Biogemüseexperten, der die Bemerkungen über die Gemüse durchgesehen hat,
- Fa.Glause &Bertram, die mir ihr ganzes Computerparadies zur Verfügung gestellt hat und
- die emsigen Schreiberinnen, die mir die mühevolle Arbeit des Tippens abgenommen haben.

Als ich nach 10 Jahren Lehrerinnentätigkeit mich „nur" noch um Familie und Haushalt kümmerte, fingen die Fragen nach Ernährung und Gesundheit an. Ich suchte nach Antworten im „Verein für gesunde Lebensweise", Bremen, legte die Hauswirtschaftsmeisterprüfung ab und ließ mich schließlich als Gesundheitstrainerin im Ernährungsbereich vom „Verband für Unabhängige Gesundheitsberatung", Gießen, ausbilden. Dabei lag die fruchtbringende Begegnung mit dem ökologischen Landbau in der Natur der Sache.
Meine Einblicke in die koreanische und französische Küche, in den jeweiligen Ländern erworben, haben meine Lust auf neue Ideen und zum Experimentieren enorm bereichert und mich gelehrt, vieles mit neuen Augen zu betrachten. Aber die Rezepte zu fixieren und das Gesamtkonzept in eine Ausgewogenheit zu bringen, war ein unerwartet langwieriger Prozeß, der mehrere Jahre in Anspruch genommen und mein Durchhaltevermögen auf eine harte Probe gestellt hat. Daher ist dieses Buch uneingeschränkt meinem Mann gewidmet, der mich in jeder erdenklichen Weise darin unterstützt hat und der die mit-täglichen Experimente mit konstruktiver Anteilnahme, Gelassenheit und Humor getragen hat!

Alle Rezepte nach Gerichten eingeteilt

1. Salate - Frisch - und Rohkost

Bohnensalat - einfach und gut	77
Bohnen - Chinakohlsalat	77
Blumenkohl - Frischkost	100
Brokkolisalat aus blanchiertem und rohem Brokkoli	93
Chicoree Familie	32
Chinakohlsalat mit Sojasoße und Knofi	87
Feldsalat	34
Fenchelsalat (von Elke)	81
Fenchelsalat mit Erdbeeren (von Marlies)	80
Kichererbsensprossensalat mit Roggensprossen	169
Kohlrabi mit gerösteten Sesam	88
Krautsalat mit Schafskäse und Oliven	106
Kürbis - Frischkost (von Elke)	121
Kürbis - Frischkost mit Mangochutney	122
Linsen - Mais - Salat	179
Mairüben	40
Teltower Rübchen oder Navetten z. Knabbern	40
Möhren - Apfel - Rote Beete Frischkost	67
Möhrenmüsli	174
Möhren - Orangen Frischkost	67
Pak-Choi	87
Pastinaken Frischkost	149
Porreesalat (von Lore)	116
Radicchio	32
Rettich - keine Brotzeit ohne Radi	134
Dekorativer Rettichsalat	135
Römersalat und Teltower Rübchen	40
Rote Bete - Frischkost mit Meerrettich	137
Rote Bete - Linsengarten	170
Rotkohlsalat (von Karin)	104
Rübstielsalat mit gekochten Eiern	37
Rucolasalat (Rauke)	33
Sauerkrautsalat	107
Sellerie - Frischkost	143
Spinatsalat mit Knoblauchcroutons	44

Spitzkohl - Frischkost	90
Steckrüben - Frischkost	155
Steckrüben - Sellerie - Frischkost	155
Teltower Rübchen mit Eisbergsalat	41
Winterposteleinsalat	35
Zucchinisalat	61
Zuckerhut, Endivie und Frisee´	32

2. Gemüsegerichte, -töpfe, -pfannen, -beilagen

Bananen - Pastinaken mit Rote Bete	152
Birnen, Bohnen und Speck	75
Blumenkohl auf d. Porreebett mit Krümelmett	101
Brokkoli herrichten und blanchieren	92
Brokkoli in Brokkolicreme	96
Brokkoli - September - Pfanne	97
Brokkoli im Kürbis - Ingwer - Püree	97
Brokkoli als Winter - Gemüse - Pfanne	98
Coburger Knoblauch - Zucchini - Würfel	63
Dicke Bohnen mit Speck und kleinen Zwiebeln	78
Fenchel- Herzen	83
Fenchel - Tomaten - Pfanne	84
Gemüsereispfanne nach der	202
Pfannenrührmethode	204
Gedünstetes Möhrengemüse (von Christiane)	69
Gekochte Mairüben	41
(Teltower Rübchen oder Navetten)	
Glasierte Salbei - Möhren mit Erbsen	71
Glasierte Zwiebelchen	112
Grüne Bohnen kochen	76
Grünkohl	108
Hirse mit Käse	194
Hokkaidokürbis - Zucchini - Pfanne	127
Hokkaidokürbis mit Gewürzreis gefüllt	128
Kartoffelplätzchen aus alten Pellkartoffeln	132
Kohlrabitopf mit Mettbällchen	89
Kürbis - Lieblingsgericht (Hady)	123
Kürbis - Pastinaken - Gemüse	124
Linsensprossen -Pfanne mit Pilzen und Zucchini	171
Mangold - Porree mit gestockten Eiern	52

Minibratkartoffeln	132
Möhren - Curry (von Christiane)	70
Palbohneneintopf nach Marktfrauenart	79
Pastinaken in Weißwein gedünstet	151
Pastinakeneintopf	153
Pilzgemüse	105
Porreegemüse auf chinesisch	117
Rheinisches Stielmus	39
Rosenkohl an Pilzgemüse	105
Rote Beete mit Zucchini und Birnen	139
Rote Beete - Hokkaidokürbis - Gemüse	141
Rot - Gelb geschmorte Äpfel mit Rote Beete	140
Rübstielpfanne Zucchini und Tomatenmark	38
Safran -Fenchel	85
Schwarzwurzeln Ausgangsrezept	163
Schwarzwurzeln mit Tomaten und Käse	163
Selleriescheiben - roh oder gekocht gebraten	144
Sellerie - Knäuel mit Rote Beete – Basilikum-Soße	145
Spargel kochen	57
Spinatpfanne auf koreanisch	46
Spitzkohltopf	91
Sprossen - Curry -Pfanne mit Mungosprossen	172
Steckrübentopf (von Cordula)	159
Steckrüben - Hokkaidokürbis - Eintopf	160
Steckrüben in Reis und Ingwer	161
Thymian - Mangold in Weißweinsoße	53
Wirsingwickel mit Zucchini - Pilz - Füllung	102
Zucchini - Pilz - Pfanne	62
Zucchini- Schiffchen rotgelb beladen	64
Zwiebel-Eier -Pfanne (Enrique)	114
Zucchini- Schiffchen mit Polentafüllung	65

3. Aus dem Ofen: Überbackenes, Aufläufe, Pies, Soufflés

Brokkoli - Torte	99
Französische Quiche mit Porree und Pilzen	118
Finnischer Steckrübenauflauf	158
Hokkaidokürbisschnitten vom Blech	126
Hokkaidokürbissoufflé	129

Kartoffelauflauf	133
Mangold - Pie	55
Puffkartoffeln	133
Quiche, Pie oder Gemüsetorte	188
Runde Zwiebel - Pie	115
Schwarzwurzel - Rosenkohl - Auflauf	165
Sellerie - Apfel - Auflauf	147
Spinat - Pie	49
Spinat - Soufflé	48
Steckrüben - Gratinee (Johannes Vorschlag)	157
Überbackener Mangold	54
Überbackene Möhren mit Haselnuß -	73
Wurzelsepp im Römertopf	72
Zwiebeln vom Wurzelsepp	113

4. Getreide- und Hülsenfrüchte - Beilagen
Bratlinge u.ä.

Afghanischer Gewürzreis	74
Buchweizenpfannkuchen	195
Gekeimter Roggen als Beilage	173
Grünkern - Mettbällchen	193
Hafer als Beilage	197
Hirse mit Käse	194
Kichererbsenausgangsrezept	182
Kichererbsen - Dukaten	185
Kichererbsen - Eintopf	183
Linsen-Ausgangsrezept	178
Polenta	196
Quellreis aus Naturreis	200
Rote Linsen -Weizen - Klößchen	181
Super - Bratlinge	192
Weizen- Käse - Klößchen	191

5. Soßen - Dips - Brotaufstriche u. ä.

Basilikum Pesto	21
Brotaufstrich oder Dip aus gekeimten Kichererbsen	168
Cremige Sahnesoßen	96
Essig - Öl - Marinaden (Vinaigrette)	28
Getreidesoße - angedarrt	190

Grüner Dip aus rohem Spinat	45
Hirse - Soße - die helle, sanfte Grundsoße	164
Käsesoße einfach	95
Kerbel - Sahne - Schaum - das Entzücken	19
Kräuter - Sahne - Schaum	19
Kräuter - Creme - Soßen – gekocht	22
Kräuterbutter immer beliebt	18
Kräuter-Quark mit Sommerkräutern	24
Mandelsoße einfach	95
Linsen-Majoran-Aufstrich	180
Nuß - Sherry -Soße zum Dippen	95
Mango-Sahne	171
Pikanter Quark mit Sprossenallerlei	175
Quark-Nußmus-Dip	141
Roquefort – Soße	33
Rote Bete Basilikumsoße	145
Schnelle Joghurtsoßen	128+194
Sauermilch - Marinade	29
Schlanke Mousseline	59
Schnelle Quarksoße	54
Vinaigrette, s. Essig - Öl - Marinade	28
Weißweinsoße - große Klasse	94

6. Suppen
Boschtsch (von Cordula)	138
Französische Bohnensuppe	185
Legierte Gemüsebrühe mit Kräutern	25
Möhrensuppe	68
Porreesuppe Denise	119
Selleriesuppe mit Orangensaft	146
Spargelcremesuppe	58
Spinatsuppe „Grüne Woche"	47
Steckrübencremesuppe	156

7. Pürees
Hokkaidokürbis - Püree	129
Käsekartoffelbrei	131
Kürbis- Ingwer - Püree	125
Steckrüben - Püree wie Samt und Seide	156

8. Fleisch und Fisch
Geschnetzeltes Rindfleisch u.a.	203
Krümelmett	101
Lammkeule mit Knollenallerlei	150
Mettbällchen	89
Safran - Fenchel - als Gemüsebett für Fisch	85

9. Verschiedenes
Gerösteter Sesam (Gomasio)	88
Knoblauch - Croutons	44
Pfannenrührmethode	204

Sachregister

Die fettgedruckten Seitenzahlen weisen auf die schwerpunktmäßige Behandlung hin.

Alfalfa S. 175
Basilikum S. 17, **20, 21**, 61, 73
Blumenkohl S: 34, 69, **100, 101**, 155, 179, 183
Bohnen, grüne S. **74-79**, 153, 185
    weiße S. 185
    dicke, S. 78
    frische Bohnenkerne S. 78
Brandteig S. 191
Brokkoli S. **92-99**
Buchweizen S. **195**
Chicoree S. **32**, 122
Chinakohl S. 77, **87**, 149
Eisbergsalat S. 41
Endiviensalat S. 32
Erbsen, grüne S. 71
    getrocknete S. 202
Feldsalat S. **34**, 35, 135
Fenchel S. 44, 64, 72, **80-85**, 165, 170
Fisch S. 85
Fleisch S. 79, 150, 153, 203
Friseesalat S. 32
Frühlingszwiebeln s. auch Zwiebeln
Gartenkürbis s. auch Kürbis
Getreide S. **186-198**
Grünkern S. **192, 193**
Grünkohl S. **108**
Hafer S.**197**
Hirse S.**164**, 194
Hokkaidokürbis S. 64, 119, **126-129**, 141, 160
Kartoffeln S. 39, 68, 124, **130-133**, 141, 146, 153, 156, 159,
Keimlinge, s. Sprossen
Kerbel S. 19, 25
Kichererbsen S. 41, 99, 168, 169, **182-184**
Kichererbsensprossen S.168, 169
Knoblauch S. **110-119**, 18, 19, 21, 34, 38, 44, 46, 48, 55,
Kohl S. **86-109**

Kohlrabi   S. **88-89**
Kräuter   S.**16-25**
Kresse   S. 25, 143, 155, 175
Kürbis   S. **120-129**, 97, 135, 149, 160
Lauch, s. Porree
Legieren   S. 25
Linsen   S. 45, 170, **178, 181**
Linsensprossen   S. 170 ,171
Lollo bionda, rosso   S. 26
Mairüben   S. 36-41
Mangold   S. **50-55**
Möhren   S. **66-73**, 121, 138, 150, 153, 157, 174, 192
Mungosprossen   S. 172
Naturreis   S. 198-202
Navetten, s. Mairüben oder Teltower Rübchen S. **36, 40, 41**
Nitrat S. **42**
Ökologischer Anbau   S. 9, 42, 66
Öle   S. 12, 204
Pak Choi   S. **87**
Palbohnen   S. 79
Paprika   S. 135
Pastinaken   S. 70, 72, 116, 124, **148-153**
Petersilienwurzeln   S. 72
Pfannenrührmethode   S. **204**
Pilze   S. 62, 102, 105, 118, 171
Polenta (Maisgrieß)   S. 65, 196
Porree   S. 52, 79, 85, 101, **110-111, 116-119**, 138, 161, 180,
Portulak   S.**35**
Quark   S. 34, 141, 175
Rezeptpthinweise S. 14-15
Radicchio   S. **32**, 61
Rauke/Rucola   S. **33**
Reis, s. Naturreis   S. **198-202**
Rettich , weiß   S. 33, 119, **134-135**
Rettich, schwarz   S. **135**, 150
Rettichsprossen   S. 175
Römersalat   S. 40
Roggen   S. 186, 190
Roggensprossen   S. 102, 169, 173, 174
Rosenkohl   S. **105**, 165

217

Rote Bete   S. 41, 64, 72, **136-141**, 145, 152, 170
Rotkohl   S. 104
Rübstiel   S. **36-41**
Salate, grüne **S. 26-35**
    Aufbau, als Schlankmacher, Handwerkliches
Sauerkraut   S. **107**
Schwarzwurzeln   S. **162-165**
Sekundäre Pflanzenstoffe   S. 16
Sellerie   S. **142-147**, 98, 150, 153, 155, 183
Senfsprossen   S. **175**
Sesam   S. 88
Sonnenblumenkerne, gekeimt   S. 77, 93, 145, 155, **175**
Sojabohnen, gelbe   S. 172
Spargel   S. **56-59**
Spinat   S. **42-49**
Spitzkohl   S. **90, 91**
Sprossen S. **166-175**
Steckrüben   S. **154-161**, 98
Teltower Rübchen   S. **36, 40**, 41, 119, 150
Tomaten   S. 64, 65, 84, 85, 97, 123, 163, 179
Topinambour   S. 169
Vollwert-Ernährung   S. **12**
Weißkohl   S. **106**, 138
Weizen   S. 54, 181, **186, 188, 190, 191**, 195
Weizensprossen   S. **174**
Winterpostelein   S. **35**
Wirsingkohl   S. **105**
Zucchini   S. **60-65**, 38, 40, 53, 90, 100, 102, 127, 139, 171,
    179, 183,
Zuckerhutsalat   S. 32
Zwiebeln   S. **110-115**, 22, 38, 46, 53, 55, 62, 73, 78,
    84, 91, 102, 108, 153, 159, 172.